ALGÉRIE
ET TUNISIE

ESQUISSE GÉOGRAPHIQUE

PAR

A. LAPLAICHE

COMMISSAIRE DE SURVEILLANCE ADMINISTRATIVE DES CHEMINS DE FER

MEMBRE ET LAURÉAT DE PLUSIEURS SOCIÉTÉS SAVANTES

ANCIEN PROFESSEUR DE L'UNIVERSITÉ

PARIS	LIMOGES
11, place Saint-André-des-Arts,	50, Nouvelle Route d'Aixe, 50

IMPRIMERIE, LIBRAIRIE ET PAPETERIE,

HENRI CHARLES-LAVAUZELLE,

Libraire-Éditeur.

1885.

8K

ALGÉRIE ET TUNISIE

ESQUISSE GÉOGRAPHIQUE.

ALGÉRIE
ET TUNISIE

ESQUISSE GÉOGRAPHIQUE

PAR

A. LAPLAICHE

COMMISSAIRE DE SURVEILLANCE ADMINISTRATIVE DES CHEMINS DE FER

MEMBRE ET LAURÉAT DE PLUSIEURS SOCIÉTÉS SAVANTES

ANCIEN PROFESSEUR DE L'UNIVERSITÉ

PARIS	LIMOGES
11, place Saint-André-des-Arts,	50, Nouvelle Route d'Aixe,

IMPRIMERIE, LIBRAIRIE ET PAPETERIE,

HENRI CHARLES-LAVAUZELLE,

Libraire-Éditeur.

1885.

ALGÉRIE

Limites et étendue.

L'Algérie, qui est la plus belle et la plus importante des possessions de la France, est située dans la partie septentrionale de l'Afrique. Elle est comprise entre 30° et 38° lat. nord et entre 7° long. est, et 5° long. ouest. Elle a pour limites : au nord, la mer Méditerranée; à l'est, la régence de Tunis; à l'ouest, l'empire du Maroc, et au sud, le Sahara ou Grand Désert. L'Algérie occupe, sur le littoral méditerranéen, une étendue de 1,100 kilomètres environ en face des côtes de la France et de l'Espagne; sa superficie est de plus de 50 millions d'hectares, c'est-à-dire supérieure à celle de la France. Elle comprend le territoire qui formait jadis la *Numidie*, la *Mauritanie sétifienne* et la *Mauritanie césarienne*.

C'est seulement en 1830, c'est-à-dire aux premiers temps de l'occupation française, que remontent les opérations géodésiques relatives à l'Algérie. On commença par mesurer une base dans la plaine de la Mitidja, entre l'embouchure de l'Harrach et le café du Hamma ; ce fut le point de départ de la triangulation du territoire d'Alger. Au fur et à mesure que nous prenions possession du territoire, un réseau géodésique s'exécutait rapidement et on opérait le recoupement de tous les points remarquables visibles des stations. Dans la province d'Oran on mesura une base aux environs d'Orléansville, et dans la province de Constantine on mesura également une base près de Bône. Enfin des observations astronomiques faites au phare d'Alger, au phare de Mers-el-Kébir et à Bône, donnèrent la longitude et la latitude de ces points ainsi que des azimuths astronomiques qui permirent de calculer les éléments géographiques du réseau. Tous ces travaux ont été exécutés rapidement par les ingénieurs-géographes Filhon, Rozet, Boblaye, Passot, Deneveu et Marel. S'ils ne répondaient pas à toutes les conditions de précision et d'exactitude, ils ont du moins rendu de grands services en ce sens qu'ils ont permis l'établissement de cartes générales et qu'ils constituent une reconnaissance générale de la colonie.

Ce n'est qu'à partir de 1851 que le dépôt de la guerre fit exécuter une triangulation régulière de l'Algérie d'après un programme général. En 1854, les capitaines Marel et Forster mesurèrent une base à Blidah ; de 1859 à 1865, le capitaine Perrier continua les travaux relatifs à la chaîne du Tell, entre Blidah et la frontière du Maroc, tandis que le capitaine Versigny faisait une opération analogue entre Blidah et la frontière tunisienne. En 1866 et 1867, deux bases de vérification furent mesurées l'une à Bône, l'autre à Oran par les capitaines Perrier et Boudivenne. Pendant les années 1872 et 1873, une chaîne méridienne a été mesurée entre Constantine et Biskra par les capitaines Roudaire et de Villars : c'est au cours de cette opération qu'on a reconnu que le fond du chott Mel-Rir se trouve à environ 31 mètres au-dessous du niveau de la mer Méditerrannée. Depuis lors, des vérifications ont été faites par le commandant Périer, les capitaines Penel et Bassot et les astronomes Lœwy et Stephan. Aujourd'hui le dépôt de la guerre est en mesure de fournir aux géographes et aux voyageurs les positions exactes des trois postes avancés du Sahara algérien : Biskra, Laghouat et Géryville.

Aux travaux que nous venons d'énumérer, il convient d'ajouter les belles cartes hydrographiques de la côte méditerranéenne levées par le capitaine de vaisseau Mouchez.

Côtes.

Les côtes de l'Algérie, avons-nous dit, présentent un développement d'environ 1,100 kilomètres.

Elles sont relativement peu découpées et on n'y trouve pas d'îles ayant quelque importance. Outre les embouchures des différents cours d'eau qui vont se déverser dans la mer Méditerranée, nous mentionnerons, en allant de l'ouest à l'est, c'est-à-dire de la frontière du Maroc à la frontière tunisienne :

Le cap *Milonia*,
L'île *Raschgoun*,
Le cap *Hassa*,
Le cap *Figalo*,
Les îles *Habibas*,
Le cap *Sigale*,
Le cap *Lindlès*,
L'île *Plane*,
Le cap *Falcon*,
La baie de *las Agundas*,
Le golfe d'*Oran*,
La pointe *Canastel*,
La pointe de l'*Aiguille*,
Le cap *Ferrat*,
Le cap *Carbon*,
La baie d'*Arzeu*,
La pointe de la *Salamandre*,
Le cap *Ivi*,
Le cap *Khamis*,
Le cap *Magroua*,
Le cap *Ténez*,
L'île *Beringel*,
La pointe *Pescade*,

La baie d'*Alger*,

Le cap *Matifou*,

Le cap *Bengut*,

Le cap *Tedlès*,

Le cap *Corbelin*,

Le cap *Sigli*,

L'île *Pisan*,

Le cap *Carbon*,

Le golfe de *Bougie*,

Le cap *Bougaroni* ou les Sept-Caps,

Le *Ras-el-Kébir*,

La baie de *Collo*,

Le *Ras Fraou*,

Le *Ras Rebeltefa*,

L'île de *Collo*,

Le cap *Bibi*,

L'îlot d'*Asrah*,

L'île *Srigina*,

Le golfe de *Stora*,

Le cap *Filfila*,

Le cap de *Fer*,

Le cap *Toukouch*,

Le *Ras Arzin*,

Le cap de *Garde*,

Le golfe de *Bóne*,

Le cap *Rosa*,

Le cap *Roux*.

Dès 1846, la Commission centrale des Phares a

adopté le programme général de l'éclairage de la
côte algérienne. Les feux sont ainsi répartis :

6 phares de premier ordre aux caps Falcon, Ivi,
Ténez, Caxine, Carbon et Bougaroni ;

2 phares de deuxième ordre à l'île Raschgoun et
au cap Afia ;

2 phares de troisième ordre à Cherchell et au
cap de Fer ;

2 phares de quatrième ordre au cap de Garde et
à Arzeu ;

31 phares de cinquième ordre.

A cette énumération, il convient d'ajouter le
phare des îles Habibas, de construction toute récente, et celui du cap Bengut, près de Dellys, qui
est projeté. Après la construction de ce dernier,
l'ensemble sera complet, et les feux se croiseront
deux à deux depuis la frontière du Maroc jusqu'à
celle de Tunis.

Aspect général.

L'Algérie est traversée, dans sa partie centrale et
parallèlement à la côte, par une chaîne de montagnes que les Arabes désignent sous le nom d'*Adrar*
(la Montagne), et à laquelle les Européens ont
conservé l'antique nom d'*Atlas* que les Grecs et
les Romains lui avaient donné. Cette chaîne de
montagnes partage tout naturellement l'Algérie en

trois zones ou régions bien distinctes, savoir : le Tell, les Hauts-Plateaux et le Sahara.

Le *Tell* s'étend de la mer au versant septentrional des montagnes, sur une profondeur de 140 kilomètres en moyenne, et couvre une superficie d'environ 14 millions d'hectares : c'est la terre arrosée et féconde, la terre par excellence, *tellus*. Là croissent l'olivier, le caroubier, le figuier, l'oranger, le citronnier, la vigne, le cactus ; là la colonisation française trouve à se développer avec le plus d'avantages.

La région des *Hauts-Plateaux*, à laquelle on parvient par une succession de rampes plus ou moins accentuées, plus ou moins ondulées, forme une vaste terrasse élevée de 700 à 1,200 mètres au-dessus du niveau de la mer, et occupe une superficie d'environ 8 millions d'hectares. Cette région est parcourue de l'est à l'ouest par de petites chaînes de montagnes très étroites qui s'élèvent de 300 à 500 mètres au-dessus d'elle, et qui constituent les sommets de l'Atlas : de sorte que ces sommets sont à environ 1,500 mètres en moyenne au-dessus du niveau de la mer. A la surface des Hauts-Plateaux, sont disséminés de grands lacs désignés par les indigènes sous le nom de *Chotts*, d'où le nom de *Pays des Chotts* sous lequel la région des Hauts-Plateaux est quelquefois désignée. Les Hauts-Plateaux sont beaucoup moins favorables à l'agriculture que le Tell ; mais en revanche on y trouve

l'*alfa*, la *chiha* et le *guetof*, précieuses graminées
qui nourrissent d'innombrables troupeaux de moutons ; dans les collines, on ne voit guère d'autres
arbres que le genévrier de Phénicie et le pin
d'Alep.

Du sommet des Hauts-Plateaux, on redescend
par des pentes très douces vers la région des
sables, qui est située au sud. Cette région, qui se
compose d'immenses plaines peu ondulées, présente
déjà, à de certains points de vue, l'aspect du
désert. La végétation s'y fait rare, les eaux y ont à
peu près disparu aujourd'hui, et ne laissent d'autres
traces que quelques *oasis* très espacées, sortes
d'îles verdoyantes où les palmiers se groupent en
massifs d'une majestueuse beauté, et où les caravanes se ravitaillent : c'est le *Sahara algérien*,
qui embrasse une étendue de plus de 30 millions
d'hectares. Depuis vingt-cinq ans, des travaux
artésiens ont rendu leur fertilité primitive à quel-
ques-unes de ces oasis, et n'ont pas peu contribué
à nous concilier leurs habitants, qui considèrent
l'eau comme le plus grand trésor qui soit au
monde. Plus on s'enfonce vers le sud, plus les
oasis deviennent rares, et moins le pays est ha-
bitable. A partir d'une certaine limite, on ne rencontre plus que d'immenses dunes de sables que
l'on nomme *Areg* dans la langue du pays, et ces
parages ne sont fréquentés que pendant l'hiver par
les caravanes.

La région du Tell, quoique montagneuse et creusée par de nombreux ravins, renferme plusieurs plaines assez étendues, parmi lesquelles il faut citer celles d'*Oran*, du *Chélif*, de la *Mitidja* et de *Bône*.

Orographie.

L'Algérie est traversée de l'ouest à l'est, parallèlement à la mer, par la chaîne de l'*Atlas*, qui se subdivise en petit et grand Atlas. — Au nord, s'étend une zone montagneuse parallèle au rivage méditerranéen, qui est souvent désignée sous le nom de *massif Tellien*, et que l'on peut partager en onze groupes différents, savoir :

1° Le *massif des Trara*, dont les principaux sommets sont le *Tadjra* et le djebel *Four'al* (1);

2° Le *massif Tlemcénien*, qui a pour points culminants le *Toumzaït* et le djebel *Ouargla*;

3° Le *massif du Tessala*, où l'on remarque le djebel *Seba-Chioukhr*, le *Tessala*, le *Tafaraoui*;

4° Le *massif Saïdien* ;

5° Le *massif de l'Ouarensenis*;

6° Le *massif Algérien*, qui comprend le *Zakkar*, le *Taguelsa*, le *Mouzaïa*, le djebel *Aïn-Talazid* ;

7° Le *massif du Djurdjura*, dont le plus haut

----

(1) En arabe, *djebel* signifie montagne.

sommet est le *Lella-Khedidja*, dont l'altitude dépasse 2,300 mètres ;

8° Le *massif de l'Ouennoura et du Dira* ;

9° Le *massif Sitifien*, dont les points culminants sont les deux *Babour*, le *Magriz*, le *Guergour* ;

10° Le *massif Numidien*, dont le plus haut sommet est l'*Edour* ;

11° Le *massif Africain*, dont la montagne principale est le *Serdj-el-Aouda*.

Derrière ce premier rideau de montagnes, se trouvent des massifs plus élevés, parmi lesquels on remarque : le djebel *Ksan*, le djebel *Amour*, le djebel *Sahari*, le djebel *Bou-Kahil*, le djebel *Aurés*.

Hydrographie.

L'Algérie se divise naturellement en deux grands bassins principaux : celui de la Méditerranée et celui du Sahara.

Le bassin méditerranéen se compose des cours d'eau ou *oueds* (1) qui sillonnent le Tell, et dont les principaux sont :

La *Tafna*, qui reçoit l'*Isser* ;

L'oued *Malah* ou *Rio Salado :*

La *Makta*, formée dans des marais, par la réunion du *Sig* et de l'*Habra* ;

---

(1) En arabe, *oued* signifie rivière.

Le *Chélif*, le fleuve le plus important de l'Algérie, car son cours atteint près de 700 kilomètres ; il descend du djebel Amour et reçoit le *Nahr-Ouassel* ;

L'oued *Chiffa*, qui reçoit l'oued *Djer*, et l'oued *Bou-Roumi*, et prend ensuite le nom de *Mazafran* ;

L'*Harrach* ;

L'*Isser*, qui reçoit l'oued *Malah* et l'oued *Zaroual* ;

L'oued *Sebaou* ;

L'oued *Sahel*, qui reçoit l'oued *Bou-Sellam* ;

L'oued *El-Kebir* ou *Rummel*, formé par la réunion de l'oued *Bou-Merzoug* et de l'oued *Zaouch* ;

L'oued *Safsaf* ou oued *El-Harrouch* ;

La *Seybouse*, qui reçoit l'oued *Zenati* ;

L'oued *Mafrag*, qui reçoit l'oued *Namous* ;

L'oued *Medjerdah*, qui passe en Tunisie.

Quant au bassin du Sahara, il comprend les rivières qui se jettent dans les chotts ou sebkhas, et dont les principales sont :

L'oued *Mzab*, qui prend sa source au djebel Mahiguen, et va se perdre à Ngoussa ;

L'oued *Nsa*, qui va aussi se perdre à Ngoussa ;

L'oued *Mia*, qui descend du djebel Baten et se jette dans la sebkha d'Ouargla ;

L'oued *Djedi*, qui sort du djebel Amour.

Les *chotts* ou *sebkhas* de l'Algérie sont une série de bas-fonds sans végétation, souvent à sec, souvent aussi remplis d'eau salée, qui dépose en été, sous l'influence de l'évaporation, une couche de sel brut que les indigènes recueillent pour le livrer au commerce : c'est dans ces chotts ou sebkhas que vont se jeter les cours d'eau du bassin saharien. Lorsque ces bas-fonds sont à sec, leur surface est parfaitement lisse, et, par le chlorure de sodium dont ils sont saupoudrés, ils présentent l'aspect d'une immense plaine couverte de gelée blanche. Les principaux chotts ou lacs de l'Algérie sont :

Le grand *lac salé*, près d'Arzeu ;

Le lac *du Figuier*, près d'Oran ;

Le chott *Occidental* et le chott *Oriental*, au sud de la province d'Oran ;

La sebkha *Zahrez-Rharbi* ;

La sebkha *Zahrez-Chergui* ;

Le chott du *Hodna* ;

Le chott *Mel-Rir* ;

Le chott *Bedjeloud* ;

Le chott *Sidi-Radouan* ;

Le chott *Ouled-Oghab* ;

Le chott *Saïal* ;

Le chott *Touidjin* ;

Le chott *El-Asloudj*, dont le fond, ainsi que celui des six chotts précédents, est en contre-bas de la mer Méditerranée ;

Le lac de *Guellif* ;

Le lac *Guerah-el-Tarf* ;

Le lac *Fetzara*.

Climat.

L'Algérie, par la fertilité de son sol et la diver-
sité de climat de ses régions naturelles, offre à
l'activité européenne un champ d'acclimatation
aussi vaste que riche. Pris dans son ensemble, le
climat algérien est doux et agréable en même temps
que salubre. Nous avons dit que notre colonie se
divise naturellement en trois zones bien distinctes,
situées parallèlement à la côte méditerranéenne :
le Tell, les Hauts-Plateaux et le Sahara. A chacune de ces zones correspondent des conditions cli-
matériques toutes différentes.

Dans la région du Tell, vers le littoral, la température moyenne est d'environ 12° au-dessus de
zéro dans les mois de janvier, février et mars ; en
juillet, août et septembre, elle atteint 30° à 35° et
quelquefois 40° lorsque le *siroco* se fait sentir. A
mesure que l'on s'éloigne de la côte, les chaleurs
de l'été deviennent moins tempérées, tandis que
les hivers sont plus rigoureux. La saison pluvieuse
est de novembre à mars ; en été, c'est-à-dire de mai
à septembre, il pleut très rarement. La neige se
montre tous les hivers dans le Tell, mais elle descend rarement au-dessous de 600 mètres d'altitude.
La grêle y est fréquente, mais, comme elle ne se
produit qu'en hiver, elle ne cause pas grand dom-
mage à l'agriculture, dont l'ennemi le plus redou-

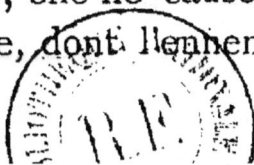

table est le siroco ou vent du désert, qui souffle quelquefois au printemps, mais principalement à la fin de l'automne, et cause parfois des ravages assez importants.

La zone des Hauts-Plateaux, en raison de son altitude et du voisinage du Sahara, est caractérisée par un climat excessif. En été, la température y atteint 40° et 45°; le siroco y souffle avec violence jusqu'à une époque avancée de l'année, tandis qu'en hiver les vents du nord produisent des ouragans formidables, accompagnés de tempêtes de neige et d'un abaissement de température qui va parfois jusqu'à 10° et 12° au-dessous de zéro. Les gelées tardives du printemps, qui se produisent jusqu'en mai, y tuent les vignes et détruisent les fruits souvent presque mûrs.

Enfin, dans le Sahara, le climat est encore plus excessif. La persistance des vents du nord en hiver et celle des vents du sud en été produisent, entre ces deux saisons, un écart énorme. Les variations de température y sont, d'ailleurs, très brusques.

Productions, industrie, commerce.

Le sol de l'Algérie renferme de nombreuses mines qui deviendront certainement, un jour, une source de prospérité pour le pays, mais dont la plupart sont encore inexploitées, les moyens de

communication et de transport étant souvent in-
suffisants. Les minerais les plus répandus en Algérie sont : pour le fer, les oxydes magnétiques, les
hématites rouges et brunes, les carbonates ; — pour
le cuivre, les pyrites contenant du plomb ou de
l'argent ; — pour le plomb, des galènes argenti-
fères ; — pour l'antimoine, des oxydes et des sul-
fures ; — pour le mercure, des oxydes et du cinabre ;
— pour le zinc, des calamines et des blendes ; —
on y rencontre aussi le manganèse, le nickel, le
cobalt, l'arsenic, enfin des gîtes de sel ou chlorure
de sodium et de salpêtre ou azotate de potasse.

Les principales mines de fer sont celles qui ap-
partiennent à la Compagnie des mines de Soumah
et de la Tafna, à la Société des forges de Châtillon
et Commentry, et à la Compagnie de Mockta-el-
Hadid. Les gisements les plus importants sont ceux
de *Soumah*, près de Boufarick ; du *Zaccar-Rharbi*,
près de Milianah ; de l'*Oued Rouïna*, de *Gourayas*,
du *cap Tenez*, de l'*Oued Messelmoun*, dans la province d'Alger ; — du *Djebel-Aouaria*, de *Sidi-
Safi*, de *Tenikrent*, du *Djebel-Nedjaria*, des *Beni-
Saf*, de l'*Oued-bou-Kourdan*, de *Camerata*, compris entre l'embouchure de la Tafna et le cap
Falcon, dans la province d'Oran ; — de *Kharézas*,
de *Bou-Hamra*, d'*Aïn-Mokhra*, du *Filfila*, près de
Philippeville, du *massif de Collo*, dans la province
de Constantine.

Les principales mines de cuivre sont celles de

Mouzaïa, de l'*Oued Merdja*, de l'*Oued Kebir*, celles des *Beni-Aguil* et de l'*Oued Allelah*, qui renferment aussi du fer et du plomb, dans la province d'Alger; — celle d'*Aïn-Barbar*, dans la province de Constantine.

Parmi les nombreux gîtes de zinc, citons les mines des *Ouled-Maziz* et du *Djebel-Filhaoucen*, dans la province d'Oran; — et les gîtes de *Hammam-N''bail*, concédés à la Société de la Vieille-Montagne, dans la province de Constantine.

L'Algérie renferme aussi d'importants gisements de marbres et de pierres à bâtir, dont la plupart ne sont pas exploités. Les plus beaux marbres de l'Algérie sont les onyx translucides d'*Aïn-Tekbalek*, près de l'Isser, dans la province d'Oran, qui ont été employés dans la décoration de l'Opéra de Paris. On peut citer encore les marbrières du *Filfila*, près de Philippeville, où l'on trouve le marbre blanc statuaire comparable, pour la finesse, au marbre de Carrare, et des marbres de diverses nuances ou veinés; les carrières de l'*Oued-el-Assel*, près de Bône, qui fournissent des calcaires saccharoïdes blancs, bleuâtres ou veinés; les marbres du *fort Génois*, veinés de noir; ceux du *mont Chenoua*, près de Cherchell; ceux de *Fondouck*, dans la province d'Alger; les marbres verts siliceux du *cap Falcon*, près de Mers-el-Kébir; les serpentines de l'*Oued Madagre* et les marbres du *Djebel-Orousse*, dans la province d'Oran.

Enfin, l'Algérie est éminemment riche en dépôts de sel gemme, en lacs et en sources salés. Les *chotts* ou *sebkhas* sont des lacs salés qui déposent en été, sous l'influence de l'évaporation, une couche de sel brut que les indigènes recueillent pour le livrer au commerce, et les *Oued Melah* ou rivières salées sont très nombreuses. Il existe en Algérie 26 salines naturelles ou lacs salés, 21 sources salées, 7 gîtes de sel gemme. — Dans la province d'Alger, on peut citer : la *Sebkha Zahrez Chergui*, qui occupe une superficie de 50,000 hectares ; la *Sebkha Zahrez Rharbi*, qui en occupe 32,000 ; les sources de *Kasbah*, près d'Aumale ; de *Rebaïa*, près de Boghar ; de l'*Oued Melah*, de *Dellys*; les rochers de sel de *Khang-el-Melah* et d'*Aïn Hadjera*, aux environs de Djelfa. — Dans la province d'Oran, se trouvent la fameuse saline d'*Arzeu*, lac salé qui se dessèche en été ; le *lac du Figuier*, près d'Oran, dont la superficie est de 22,000 hectares, et les deux grands *chotts du Sud* qui couvrent une étendue de 200,000 hectares. — Dans la province de Constantine, on remarque le *chott Mel-Rir*, qui couvre une surface de 200,000 hectares ; les *chotts du Hodna*, qui ne mesurent pas moins de 84,000 hectares, et le *Guerah-el-Tarf*, qui en compte 20,000 ; de nombreuses sources salées ; les gisements de sel gemme des *Ouled-Kebbab*, près de Milah, de *Metlili* et d'*El Outaïa*, près de Biskra.

D'autre part, l'Algérie possède de nombreuses

sources minérales et thermales, dont les vertus thé-
rapeutiques ne sont pas inférieures à celles des
meilleures eaux de l'Europe. Les plus remarquables
sont les suivantes : *Hammam–Rhira*, aux environs
de Milianah, groupe de 23 sources thermales, dont
la température varie entre 18° et 67°, et dont l'action
est efficace dans les maladies de la peau et les bles-
sures ; *Hammam-Melouan*, près de Rovigo, sources
renommées pour les rhumatismes, la chlorose, etc. ;
Hammam-Berrouaghia, aux environs de Médéah ;
Aïn-el-Beroud, près de Mouzaïa-les-Mines ; les
sources ferrugineuses du *Frais-Vallon*, près d'Alger ; *Hammam-el-Hamé*, sources ferrugineuses du
Djebel-Ouarensenis, dans la province d'Alger ; —les
bains de la Reine, près d'Oran, source thermale très
abondante, dont la température atteint 52° ; *Ham-
mam-bou-Hadjar*, près d'Aïn-Temouchent, sources
carbonatées sodiques, dont la température varie
entre 22° et 70° ; *Hammam-bou-Hamsia*, dans la
plaine d'Eghris, à la température de 66° ; la source
d'*Arcole*, qui est employée comme eau de table,
dans la province d'Oran ; — *Hammam-Meskoutine*,
près de Guelma, groupe de sources sulfureuses,
alcalines et arsénicales très abondantes, dont la
température est supérieure à 70° ; *Hammam-M'ta-
el-Biboun*, près de Bordj-bou-Arreridj, eaux sulfureuses sodiques ; *Hammam des Ouled-Ali*, chez les
Beni-Foughals ; *Hammam de l'Oued-Hamimim* ;
Hammam de Bou-Akkas; *Hammam-el-Kroubzet*;

Hammam-Salaïn-Biskra, dans la province de Constantine.

Déjà, au temps des Romains, l'abondance et la beauté des céréales du nord de l'Afrique étaient pour ainsi dire proverbiales, et avaient mérité à cette région le surnom de *Grenier de Rome*. Quoique devenue bien inférieure depuis, cette production n'en était pas moins restée un des principaux éléments du commerce de la Régence jusqu'à l'époque de la conquête française, et de nos jours, grâce aux méthodes perfectionnées de culture introduites par les immigrants européens, de nouveaux progrès se réalisent chaque année. En Algérie, grâce à un climat exceptionnel, il est souvent possible d'obtenir deux récoltes successives sur un même terrain quand on peut arroser convenablement.

On y cultive avec succès plusieurs variétés de blés. Les blés durs, qui étaient les seuls cultivés dans la colonie avant la conquête, sont d'une étonnante perfection et ne redoutent aucune comparaison. Ces blés, quoique plus nutritifs que les blés tendres, conviennent moins à la mouture et à la panification, mais ils se prêtent admirablement à la fabrication des pâtes alimentaires. Quant aux blés tendres, ils ont été introduits par les Européens, et pendant plusieurs années, ce produit est resté exclusivement entre leurs mains ; mais les indigènes commencent à s'adonner aussi à cette culture. La

récolte des blés a dépassé, en 1883, six millions
de quintaux métriques, savoir :

Européens... 1,776,241 quintaux métriques.
Indigènes.... 4,660,196 —

Total... 6,436,437 —

En Algérie, l'avoine est encore peu cultivée, et
est remplacée par l'orge pour la nourriture des chevaux ; l'orge entre aussi pour une bonne part dans
l'alimentation des indigènes, et est, par suite, une
céréale de première importance. Le rendement a
dépassé sept millions de quintaux métriques en
1883, savoir :

Européens... 826,941 quintaux métriques.
Indigènes.... 6,495,574 —

Total... 7,322,515 —

Mentionnons encore le maïs et le sorgho bechna
ou dra, qui résiste admirablement à la sécheresse.

En fait de plantes industrielles, on ne cultive
guère que la vigne, le tabac, le lin et le coton.

La culture de la vigne est surtout en faveur, et
depuis quelques années elle a pris un grand développement : en effet, le sol et le climat de l'Algérie
lui conviennent à merveille. Le phylloxera y est
complètement inconnu, et un grand nombre de
propriétaires du midi de la France, dont les vignes
ont été ravagées par ce fléau, sont venus s'établir
en Algérie : aussi peut-on prévoir que, dans un
avenir peu éloigné, notre colonie contribuera pour

une large part aux approvisionnements de la métropole. Les crûs les plus renommés sont ceux des environs d'Oran, de Mascara et de Tlemcen pour les vins rouges, des environs de Bône et de Douéra pour les vins blancs, et les vignobles de Médéah et de Pélissier, qui fournissent des vins de dessert. Dans la province d'Oran, où la culture de la vigne a fait le plus de progrès, le rendement annuel est d'environ 50 hectolitres par hectare. En 1883, la culture de la vigne s'étendait, en Algérie, sur une superficie de 45,629 hectares et la récolte a atteint 821,584 hectolitres. Sur cette quantité, les indigènes figurent pour environ 3,000 hectolitres seulement.

La culture et le commerce du tabac jouissent, en Algérie, d'une liberté absolue. Chaque année, le gouvernement en fait des achats considérables destinés aux manufactures nationales. L'espèce la plus cultivée est le chébli. On en récolte, chaque année, plus de cinq millions de kilogrammes ainsi répartis en 1883 :

Européens... 2,250,671 kilogrammes.
Indigènes... 2,977,067 —

Total.... 5,227,738 —

L'art de préparer les tabacs est arrivé, en Algérie, à une très grande perfection, et nulle part ailleurs, on ne fabrique mieux et à meilleur marché.

La culture du lin est maintenant très suivie en

Algérie. On en récolte deux espèces : le lin de Riga, qui fournit la filasse, et le lin d'Italie, qui produit beaucoup de graines. Bien que la production du lin soit déjà satisfaisante, elle est encore loin d'atteindre son maximum, et il y a lieu d'espérer un plus grand développement de cette culture pour le moment où les colons verront s'ouvrir des débouchés assurés à leurs produits. Actuellement, le manque d'usines pour le teillage du lin leur enlève la possibilité d'utiliser les tiges de cette plante, que l'on abandonne aux bestiaux, faute d'en trouver l'emploi sur place.

La culture et la production du coton, qui avaient atteint un certain degré de prospérité en Algérie, ont considérablement baissé depuis 1870, malgré la sollicitude et les encouragements du gouvernement, par suite de la concurrence sur les cotons à bon marché ; mais il paraît certain qu'avec un peu de persévérance on arriverait à des résultats satisfaisants en s'adonnant exclusivement à la culture du coton de luxe dit *longue soie*, qui réussirait sur certains points des provinces d'Oran et de Constantine.

L'alfa, qui pousse spontanément sur les Hauts-Plateaux, où il couvre une superficie de près de cinq millions d'hectares, est une plante textile très résistante. Depuis longtemps, l'alfa servait à la confection de divers objets d'économie domestique dits de sparterie, tels que paniers, corbeilles, nattes, chaussures, balais, cordages, sacs, etc.; de nos jours, on l'emploie à la fabrication des pâtes à papier et des cartons. L'Angleterre en consomme des quantités considérables, et l'élévation croissante du prix des chiffons a déterminé certains fabricants français et américains à imiter les Anglais. Pour donner une idée de l'importance de l'exploitation des alfas algériens, qu'il nous suffise de citer la Compagnie franco-algérienne, qui a entrepris, dans ce seul but, la construction d'une voie ferrée de 250 kilomètres reliant Arzeu à Saïda. Actuellement, l'Algérie exporte chaque année plus de 80,000 tonnes d'alfa représentant une valeur marchande de plus de 12 millions de francs, et dont 60,000 tonnes pour l'Angleterre. Les principaux centres de production et de vente sont : Sidi-bel-Abbès, Tlemcen et le Sig, dans la province d'Oran ; Batna, dans celle de Constantine. Oran et Arzeu sont les deux ports d'expédition qui en exportent le plus.

L'olivier croît spontanément en Algérie, et fournit des fruits très abondants d'où l'on extrait une huile d'excellente qualité. Les huiles d'olives provenant de Guelma, d'El-Kantour, de Tizi-Ouzou, de Cherchell, d'Alger, etc., ne le cèdent en rien aux meilleures huiles de Provence. La province de Constantine est de beaucoup la plus riche en oliviers. Le nombre des oliviers greffés dépasse deux millions dans la colonie. En 1883, la récolte des olives a fourni plus de vingt millions de kilogrammes d'olives, et la quantité d'huile fabriquée dans la même année a dépassé 400,000 hectolitres.

Les chiffres officiels sont les suivants :

Olives, 20,595,708 kilogrammes.

Huile,   464,148   —

Parmi les fruits que produit en abondance l'Algérie, il faut placer en première ligne : les oranges, les mandarines, les citrons, les cédrats, etc., qui sont extrêmement abondants, puis les grenades, les figues. Les plantations d'orangers, de mandariniers, de citronniers augmentent tous les ans dans d'énormes proportions. On récolte d'ailleurs, en Algérie, la plupart des fruits que l'on obtient en France. Au nombre des arbres fruitiers exotiques acclimatés en Algérie, citons d'abord le bananier qui réussit très bien sur le littoral, particulièrement dans les environs d'Alger, le goyavier, qui produit des fruits très délicats, le palmier ou dattier, dont les fruits tiennent une grande place dans l'alimentation des Arabes du Sahara algérien, où il croît plus de trois millions de ces arbres.

La canne à sucre a été l'objet de diverses tentatives en Algérie, et elle a fourni des résultats assez satisfaisants.

Quant aux légumes, ils réussissent merveilleusement dans notre colonie. Les plus abondants sont les petits pois, les artichauts, les choux, les asperges, les concombres, les pastèques, les oignons, l'oseille, les haricots, les doliques, les pommes de

terre, dont on fait chaque année jusqu'à trois récoltes dans les terrains irrigués, les fèves, les pois
chiches. Les plus belles cultures sont aux environs
d'Alger, d'Oran et de Philippeville.

Enfin, l'Algérie possède des forêts plus étendues
que celles de la France, et qui couvrent une superficie de plus de deux millions d'hectares.

Elles se répartissent de la manière suivante :

ESSENCES	PROVINCES :			TOTAL
	ALGER	ORAN	CONSTAN-TINE	
	HECTARES	HECTARES	HECTARES	HECTARES
Superficies des forêts où dominent les essences suivantes :				
Chêne-liège.........	29.493	10.827	237.567	277.887
Chêne-vert.........	127.767	211.271	265.916	604.954
Chêne zéen.........	8.624	»	53.962	62.586
Pin d'Alep.........	248.659	279.282	285.724	813.665
Pin maritime........	2	»	5 7	537
Cèdre............	3.772	»	39.111	42.883
Thuya............	19.103	4.936	»	24.039
Orme et frêne.......				
Lentisque....				
Olivier sauvage et ca-roubier..........				
Eucalyptus........	22.078	74.097	122.336	218.511
Autres essences (saule, pistachier, gené-vrier, tamarisc, noyer, châtaignier, érable, etc.).......				
TOTAUX.........	459.516	580.443	1.005.133	2.045.062

Les produits les plus importants de ces forêts
sont les lièges, les bois de construction, de char-

pente, de charronnage, d'ébénisterie, les écorces à tan et les bois de teinture.

L'excellent climat de l'Algérie et ses immenses terrains de parcours conviennent admirablement à l'élevage de la race ovine. Actuellement, l'Algérie possède environ six millions de moutons qui sont disséminés un peu partout, mais qui occupent principalement la région des Hauts-Plateaux et le Sud, et qui se répartissent de la manière suivante entre les Européens et les indigènes :

Européens,   300,805
Indigènes,   5,755,878

Total : 6,056,683

Le sol pourrait aisément en nourrir cinq ou six fois autant, ce qui augmenterait proportionnelle-ment la production de la laine; mais jusqu'à présent, ce sont les Arabes qui possèdent la grande majorité des troupeaux, et il n'est pas facile de leur faire abandonner leurs anciennes méthodes d'élevage, qui sont très imparfaites. L'exportation des bêtes ovines pour le Midi de la France, et quelques autres pays méditerranéens varie chaque année entre 4 et 500,000 têtes, et a même dépassé, en 1879, le chiffre de 700,000. L'exportation de la laine dépasse annuellement 100,000 quintaux.

Les chèvres constituent aussi un élément de richesse dans notre colonie, qui en renferme plus de trois millions ainsi réparties :

Européens,   94,098
Indigènes,   3,524,294

Total : 3,618,392

Toutefois, il convient de dire que les chèvres que possèdent les Arabes sont généralement assez mauvaises laitières ; leur peau seule est de bonne qualité et sert à fabriquer des maroquins assez réputés.

Quant aux animaux de l'espèce bovine algé rienne, on peut les classer en deux catégories distinctes : le bœuf de Guelma, que l'on rencontre principalement dans la province de Constantine, et le bœuf d'Oran, qui est répandu dans les régions de l'ouest. Le premier, de formes régulières, a la tête petite, le cou un peu trapu, la poitrine bien développée, les membres relativement courts et bien musclés ; il est ardent au travail, et fournit une bonne viande de boucherie. Le second a la tête allongée et surmontée de longues cornes, le cou assez long, le garot très élevé, les côtes un peu plates, les cuisses peu charnues, les jambes un peu longues ; il est moins rustique que le précédent, et sa chair est inférieure comme alimentation. Les Européens se sont attachés de préférence à l'élevage et à l'amélioration des bœufs de Guelma. L'espèce bovine compte, en Algérie, plus d'un million de têtes ainsi réparties entre les Européen s et les indigènes :

Européens,   143,925
Indigènes,   960,895

Total : 1,104,820

L'exportation des bœufs, qui s'est élevée à près de 30,000 têtes en 1881, avait dépassé 50,000 en 1879.

L'Algérie renferme aujourd'hui 650,000 bêtes de somme, chevaux, mulets, ânes et chameaux ainsi répartis :

	CHE-VAUX.	MU-LETS.	ANES	CHA-MEAUX	TO-TAUX.
Européens........	32.102	21.434	11.895	292	65.723
Indigènes.	132.319	47.811	223.648	181.258	585.036
Totaux.	164.421	69.215	235.543	181.550	650.759

Le cheval algérien appartient à la race barbe et se distingue par sa force, son agilité, sa sobriété et son aptitude remarquable à supporter les fatigues et les privations. Dès 1844, la création de dépôts d'étalons a permis de réaliser une amélioration sensible dans l'élevage, et la production a été assez importante pour remonter en chevaux arabes de bonne qualité toutes nos troupes d'Afrique et même plusieurs régiments de France. On s'efforce aujourd'hui de créer une race de trait destinée à remplacer, au moins en partie, le bœuf dans les travaux de culture. Dans l'année 1881, l'exportation des bêtes de somme a atteint près de 15,000 têtes.

Le gibier est extrêmement abondant dans l'Algérie. Parmi les espèces les plus nombreuses, citons : le cerf, la gazelle, le mouflon, le lièvre, le lapin, la perdrix rouge, l'outarde, la caille, la grive, le ramier, l'oie sauvage, le canard sauvage, le flamant, la macreuse, la bécasse, la bécassine, la cigogne, l'autruche. Cette dernière espèce, réfugiée dans les régions du sud, est constamment chassée par les Arabes qui en ont déjà détruit un grand nombre. On a fait, dans ces dernières années, des tentatives assez heureuses pour arriver à domestiquer l'autruche dans la région du Tell.

A cette énumération succincte des richesses de la faune algérienne, il convient d'ajouter les bêtes fauves : lions, panthères, hyènes, chacals. Des trois provinces de l'Algérie, celle de Constantine étant, comme nous l'avons dit plus haut, de beaucoup la plus boisée, les grands fauves y sont bien plus nombreux que dans les deux autres.

Enfin on élève en Algérie des abeilles et des vers à soie.

Aux environs de la Calle principalement, et du côté de Mers-el-Kébir, on rencontre, dans la mer Méditerranée, des bancs de corail rouge et rose. La pêche en est très fructueuse et offre un rendement d'environ 30,000 kilogrammes par an.

Les cours d'eau de notre colonie étant, pour la plupart, à sec pendant la saison d'été, il est impossible de songer, quant à présent, à la multiplication

du poisson; on y trouve cependant du barbeau, des
anguilles et de la truite. Mais la pêche du poisson
sur les côtes méditerranéennes a pris, depuis une
vingtaine d'années, une importance considérable.
Elle fournit principalement des thons, des sardines
et des anchois dont on prépare des conserves pour
l'exportation.

Comme on a pu en juger par ce qui précède, l'Algérie n'est pas, à proprement parler, un pays d'industrie; on se contente, pour le moment, d'y développer la culture et d'en tirer certaines matières
premières utilisées par les manufactures de la métropole et de l'étranger. Il est probable que l'extension de son réseau de voies ferrées amènera, par
la suite, à ce point de vue, un changement notable
dans la situation. Cependant, depuis environ 25 ans,
on doit constater un développement assez important des industries qui se rapportent à l'agriculture : ainsi, à Alger, à Oran, à Constantine, à Blidah, à Médéah, à Boufarick, à Sidi-bel-Abbès, à
Tlemcen, à Sétif, à Batna, etc., il existe des minoteries à eau et à vapeur, des fabriques de pâtes alimentaires, des scieries, des moulins à huile, des
brasseries, des distilleries, des usines pour la fabrication des instruments aratoires. La fabrication et
le commerce des essences pour la parfumerie ont
pris depuis un certain nombre d'années un développement considérable dans la province d'Alger;
Cheragas, Blidah, Boufarick, Mostaganem, Bôna

Philippeville, ont acquis une réputation méritée pour ces sortes de produits. Parmi les essences préparées en Algérie, il faut mentionner celles de néroli, de petit grain, de cédrat, de bigarade, de Portugal, de citron, de géranium, de lavande, de thym, de myrte, de romarin, de fenouil, de sauge, de marjolaine, etc.

Les indigènes fabriquent encore aujourd'hui les instruments de musique en usage chez eux de temps immémorial, et dont les principaux sont : la *kouitra* ou mandoline, le *rebeb* et la *kamendja*, sortes de violons à deux et à quatre cordes, le *kanoun* ou harpe horizontale, le *thar*, le *deff* et le *bendir* ou tambours de basques, la *derbouka* ou tambour, le *djouak* ou fifre en roseau, la *guesba*, grosse flûte en roseau, la *raïta* ou hautbois, le *tobel* ou grosse caisse, le *neguigrat* ou petit tambour. — Certaines tribus, telles que les Aït-Aïssi, les Aït-Fraouen, les Aït-Iraten, les Aït-Khelili, les Aït-Yenni et les Maâtka, fabriquent des poteries qu'elles exportent sur les marchés du pays. — La confection des tapis constitue aussi une branche d'industrie assez importante chez les indigènes. Les principales sortes de tapis algériens sont les suivantes : la *zerbia* ou tapis moquette, le *guetif* ou tapis de haute-laine, le *hambel*, qui sert à la fois de tapis et de couverture, le *metrah*, le *metloug* et le *tellis*, sortes plus communes que les précédentes. Les Kabyles fabriquent également de la coutellerie pour le commerce de colportage dans toutes les tribus.

La ville d'Alger fabrique des broderies et des passementeries pour orner les vêtements des indigènes. Les femmes mauresques sont douées d'une adresse merveilleuse pour l'exécution des broderies et des passementeries en or, en argent, en soie, sur cuir, sur velours et sur diverses étoffes. Les hommes confectionnent aussi des broderies, mais plus spécialement pour les objets de sellerie et d'équipement, pour les vêtements et les chaussures de luxe. Les Kabyles fabriquent des bijoux d'argent avec de vieilles pièces espagnoles. Dans les grandes villes, comme Alger, Oran, Tlemcen, Constantine, Bône, Sétif, les Israélites ont gardé le monopole de la fabrication des autres bijoux.

Les villes d'Alger, de Tlemcen, de Constantine sont renommées pour la préparation des cuirs et la fabrication des chaussures.

Les pays avec lesquels l'Algérie entretient le plus de relations maritimes sont : la France, l'Espagne, l'Angleterre et l'Italie.

Les principaux éléments du commerce d'exportation sont les minerais, dont l'extraction occupe plus de 3,000 ouvriers, le lin, le crin végétal, qui n'est autre que la fibre résistante extraite des feuilles du palmier nain, les alfas, dont l'exploitation prend chaque jour plus d'extension, les laines, les soies, la cire, les tabacs, les fourrages conservés, les marbres, les pâtes alimentaires, les huiles, etc. Quant aux importations, elles comprennent, en général, les denrées et objets nécessaires aux Européens.

En 1883, le chiffre des importations a été de :   320.376.248 fr.

Celui des exportations a atteint la somme de :   144.178.160

Soit un mouvement commercial de :   464.554.408

Population.

Le dénombrement de la population a été opéré en Algérie le 28 décembre 1881 :

Nominativement : 1° pour toutes les personnes (résidantes ou de passage) qui ont passé la nuit du 27 au 28 décembre dans chaque commune ; 2° pour la population *en bloc* ou à part (1);

Numériquement : Pour tous les indigènes des tribus du territoire de commandement.

---

(1) Aux termes de l'article 2 du décret du 3 novembre 1881, les catégories de population qui ne comptent pas pour l'application des lois municipales ou des lois d'impôts sont les suivantes :
Corps de troupe de terre ou de mer. — Maisons centrales de force et de correction. — Maisons d'éducation correctionnelle et colonies agricoles des jeunes détenus. — Maisons d'arrêt, de justice et de correction. — Dépôts de mendicité. — Asiles d'aliénés. — Hospices. — Lycées et collèges communaux. — Ecoles spéciales. — Séminaires. — Maisons d'éducation et écoles avec pensionnat. — Communautés religieuses. — Réfugiés à la solde de l'Etat. — Ouvriers étrangers à la commune attachés aux chantiers temporaires de travaux publics.

Le nombre des habitants ainsi recensés s'élève à 3,310,412, savoir :

Recensés nominativement :	Français.	233.937	
	Israélites naturalisés	35.665	
	Musulmans indigènes, sujets français.	2.415.763	
	Espagnols.	114.320	2.875.309
	Italiens	33.693	
	Anglo-Maltais	15.402	
	Allemands	4.201	
	Autres étrangers	22.328	

Recensés *numériquement* : Indigènes des tribus de
commandement 435.103

TOTAL ÉGAL. 3.310 412

Divisions administratives.

Le territoire de l'Algérie a été divisé, depuis la conquête française, en trois *provinces* : celles d'Alger, d'Oran et de Constantine. Chacune de ces provinces renferme un territoire civil et un territoire de commandement ou territoire militaire. Le *territoire civil* forme un *département* qui porte le même nom que la province, qui est en tout point semblable, à part l'étendue, aux départements français, et qui est administré par l'autorité civile. Chacun des départements ainsi formés est divisé en *arrondissements*. Dans les *territoires de commandement*, l'administration se confond avec le commandement, et la direction supérieure en appartient, dans chaque province, au général commandant la division militaire. Ces territoires de commandement sont partagés en un certain nombre de *subdivisions* qui sembleraient, à première vue, devoir correspondre aux arrondissements du territoire civil ; mais le régime spécial établi a précisément pour raison d'être les différences qui s'opposent à une semblable assimilation ; il ne peut donc s'agir que d'un fractionnement un peu arbitraire opéré en tenant compte des exigences de l'occupation militaire, du recouvrement de l'impôt et de la gestion des intérêts. Les arrondissements et les subdivisions sont divisés en *communes*. Les communes sont dites de plein exercice, mixtes ou indigènes. Les *communes de plein exercice* sont celles qui sont constituées exactement comme les communes de la métropole. Les *communes mixtes* comprennent les centres de population habités à la fois par les indigènes et les Européens, mais où l'élément indigène se trouve en majorité ; des mesures restrictives ont dû être adoptées pour la protection des intérêts des Européens. Enfin les *communes indigènes* sont celles qui sont habitées uniquement par les Arabes. Le territoire civil se compose de communes de plein exercice et de communes mixtes ; en territoire de commandement, il n'y a que des communes mixtes et des communes indigènes.

Le département d'Alger comprend 5 arrondissements et 2 subdivisions ; le département d'Oran comprend 5 arrondissements et 3 subdivisions ; enfin le département de Constantine renferme 6 arrondissements et 4 subdivisions.

Le tableau ci-après indique les divisions territo-
riales et administratives et fait connaître la répai-
tition des communes entre les différents arrondissement et subdivisions, et la répartition de ceux-ci
entre les trois départements, à la date du 1ᵉʳ janvier 1882.

Départe-ments.	Territoires.	Arrondissements ou subdivisions.	Nombre de communes.			Totaux.	Totaux par département.
			plein exercice.	mixtes.	indigènes.		
Alger.	Territoire civil...	Alger.........	53	7	»	60	110
		Médéah.......	4	3	»	7	
		Milianah......	9	4	»	13	
		Orléansville...	3	5	»	8	
		Tizi-Ouzou....	7	7	»	14	
	Territoire de com-mandement.....	Aumale.......	»	1	2	3	
		Médéah.......	»	2	3	5	
Oran.	Territoire civil....	Oran	28	3	»	31	79
		Mascara	3	4	»	7	
		Mostaganem..	15	6	»	21	
		Sidi-Bel-Abbès	5	2	»	7	
		Tlemcen......	3	4	»	7	
	Territoire de com-mandement.....	Oran	»	1	»	1	
		Mascara......	»	1	2	3	
		Tlemcen......	»	1	1	2	
Constan-tine.	Territoire civil....	Constantine...	21	11	»	32	104
		Bône.........	12	2	»	14	
		Bougie	6	8	»	14	
		Guelma.......	8	2	»	10	
		Philippeville..	10	4	»	14	
		Sétif.........	8	5	»	13	
	Territoire de com-mandement.....	Constantine...	»	»	2	2	
		Batna	»	»	3	3	
		Bône.........	»	»	1	1	
		Sétif.........	»	»	1	1	
		TOTAUX.....	195	83	15		293

Département d'Alger.

Le département d'Alger renferme 1.251,672 habitants, savoir :

En territoire civil............... 1.072.762
En territoire de commandement. 178.910
Total égal............... 1.251.672

ALGER, chef-lieu du département d'Alger, est en même temps la capitale de l'Algérie et la résidence du gouverneur général. Bâti en amphithéâtre sur les ruines d'*Icosium*, au fond de la baie qui porte son nom, Alger possède un port vaste et sûr formé par deux jetées partant, l'une de l'îlot de la Marine, l'autre du fort Bab-Azoun, et présentant un développement de deux kilomètres : ce port, d'une superficie de 90 hectares, peut contenir 20 vaisseaux, 20 frégates et 300 navires marchands. Pris par les Français le 5 juillet 1830, Alger s'est considérablement développé sous notre domination. et a subi des améliorations qui en ont fait une des plus belles villes du littoral méditerranéen. Parmi ses principaux monuments, il faut citer : la *cathédrale Saint-Philippe*, d'achitecture arabe, construite sur l'emplacement de l'ancienne mosquée des Ketchaoua ; — l'*église Notre-Dame-des-Victoires*, ancienne mosquée élevée en 1622; — l'*église Saint-Augustin*, de style roman, terminée en 1878 ; — la grande mosquée ou *djama Kebir*, la plus ancienne d'Alger ; — *djama Djedin*, nouvelle mosquée construite en forme de croix grecque et surmontée d'une coupole ; — le *palais de justice*, de construction toute récente ; — le *théâtre ;* — le *lycée ;* — la *Kasbah*, ancien fort d'Alger, aujourd'hui transformé en caserne ; — l'*Académie militaire*. Mentionnons aussi la belle *place du Gouvernement ;* — la *place d'Isly* ; — le *boulevard de la République*, construit sur les docks et long de 1,200 mètres, d'où la vue domine la mer. La population d'Alger s'élève à 65.227 habitants (1). Cette ville est reliée à l'Europe par de nombreuses lignes de bateaux ; elle est le point de départ de quatre routes nationales, du chemin de fer d'Alger à Oran, et de la ligne d'Alger à Constantine et Tunis, qui n'est pas encore terminée. Alger est le siège d'un archevêché, d'une cour d'appel, d'un tribunal de première instance et d'un tribunal de commerce ; elle est le chef-lieu d'une académie, du 19e corps d'armée et d'une division militaire ; elle possède une école préparatoire à l'enseignement du droit, une école préparatoire à l'enseignement des sciences, une école préparatoire à l'enseignement des lettres, une école des beaux-arts, un observatoire, une bibliothèque, un musée, des cours supérieurs de langue arabe, une *medraça* ou école musulmane

---

(1) Tous les chiffres que nous donnons pour la population agglomérée des villes de l'Algérie sont les chiffres officiels du recensement de 1881.

d'enseignement supérieur, un lycée. Les environs d'Alger sont des plus agréables, et on y fait de délicieuses promenades.

Dans l'arrondissement d'Alger, il faut citer encore :

MUSTAPHA (12,279 habitants), près de la mer à trois kilomètres d'Alger, avec un hôpital civil, des casernes de cavalerie, et un champ de manœuvres, qui sert aussi de champ de courses.

HUSSEIN-DEY (1,429 habitants), station du chemin de fer, près d'Alger, avec de belles villas, des fermes, des usines et une minoterie ; on y trouve des plantations d'eucalyptus.

SIDI-FERRUCH, plage où débarquèrent les Français, le 14 juin 1830.

CHERAGAS, à l'entrée de la plaine de Staouéli ; on y cultive des arbres et arbustes odoriférants. On y remarque un beau jardin public et une fontaine ornée du buste du maréchal Pélissier, des distilleries, des moulins, des tuileries, des briqueteries et des fabriques de crin végétal.

CHEBLI, renommée pour ses tabacs et qui fait le commerce du palmier nain pour la fabrication du crin végétal.

KOLÉAH (2,336 habitants), ancienne ville espagnole bâtie sur le versant méridional des collines du Sahel et entourée de vergers. Elle a été occupée par les Français en 1841. On y visite le *Jardin des Zouaves*, planté d'orangers.

BOUFARIK (3,290 habitants), sur le chemin de fer d'Alger à Oran, ville fondée par le maréchal Clauzel au milieu de marais pestilentiels, et aujourd'hui devenue prospère grâce à la persévérance des colons. Il s'y tient un marché important. On y trouve des rues bien alignées et ombragées de platanes, et des distilleries de plantes odoriférantes.

BLIDAH (8,893 habitants), au sud de la plaine de la Mitidja, sur l'Oued-el-Kebir, affluent de la Chiffa, ville occupée par les Français depuis 1839 ; détruite en partie en 1825 et en 1867 par des tremblements de terre, elle a été reconstruite depuis et ne renferme presque plus de maisons mauresques. On y remarque l'église Saint-Charles, l'hôpital, les casernes, et surtout les jardins et les orangeries qui l'environnent. On y trouve des minoteries, des fabriques de pâtes alimentaires, des huileries, des papeteries. Blidah exporte chaque année plusieurs millions d'oranges. C'est le siège d'un conseil de guerre et d'un dépôt de remonte. Enfin, cette ville se trouve sur la route nationale d'Alger à Laghouat et sur le chemin de fer d'Alger à Oran.

CHERCHELL (2,680 habitants), ancienne *Julia Cæsarea*, ancienne capitale de la Mauritanie Césarienne, occupée par les Français en 1840, est située au pied d'une colline et possède un petit port de mer. On y voit les ruines de Cœsarea, des bains maures remarquables et une ancienne mosquée aujourd'hui transformée en hôpital.

MÉNERVILLE (2,430 habitants), ainsi appelée du nom d'un ancien premier président de la Cour d'appel d'Alger, est située dans le col des *Beni-Aïcha*, qui conduit de la Mitidja dans la Kabylie. Détruite par les indigènes lors de l'insurrection de 1871, elle s'est reconstruite depuis. Elle se trouve sur le chemin de fer d'Alger à Constantine.

MÉDÉAH, chef-lieu d'arrondissement et de sub-division militaire, sur la route nationale d'Alger à Laghouat, est située sur un plateau incliné. Définitivement occupée par les Français en 1840, cette petite ville a subi depuis lors une transformation à peu près complète ; les constructions arabes y ont à peu près disparu, et Médéah a pris un aspect tout français ; on y remarque la mosquée *Mered*, affectée maintenant au culte catholique, *l'hôpital*, *la caserne*, la *place d'Armes*. Cette ville possède un collège d'enseignement secondaire. Les environs sont couverts de vignobles. La population de Médéah est de 4,857 habitants.

MILIANAH, chef-lieu d'arrondissement, est bâtie près du chemin de fer d'Alger à Oran. Sa situation dans les montagnes de l'Atlas, au pied du Zakkar-R'arbi lui vaut un climat très rigoureux en hiver. Occupée par les Français depuis 1840, elle a été en grande partie reconstruite, les Arabes y ayant mis le feu avant de l'abandonner. Aucun édifice ne mérite d'être signalé. Cette ville possède un collège d'enseignement secondaire et sa population est de 3,090 habitants.

ORLÉANSVILLE, chef-lieu d'arrondissement, située sur la rive gauche du Chélif et sur la ligne d'Alger à Oran, a été fondée en 1843 par le maréchal Bugeaud sur l'emplacement du village arabe d'*El Esnam*. Le climat y est excessif. On y remarque plusieurs rues et places plantées de caroubiers. C'est le siège d'un tribunal de première instance. La population est de 2,270 habitants.

Dans le même arrondissement, remarquons TÉNEZ (2,364 habitants), ancienne *Cartenna*, qui sert de port à Orléansville, à laquelle, d'ailleurs, un chemin de fer doit prochainement la relier. Cette ville, fondée par le maréchal Bugeaud, présente de belles rues alignées et bordées d'arbres.

TIZI-OUZOU, chef-lieu d'arrondissement, bâtie en pleine Kabylie au pied du Djebel-Belloua, près de l'Oued Sebaou, doit être reliée à Alger par un chemin de fer. Un tribunal de première instance y a été installé. La population agglomérée n'est que de 924 habitants.

DELLYS (3,006 habitants), chef-lieu de canton du même arrondissement, prise en 1844 par le maréchal Bugeaud, est située sur la mer près du cap Bengut. On y fait le commerce des huiles et des fruits secs. Cette ville possède une école des arts et métiers, et est entourée de beaux jardins.

FORT-NATIONAL (anciennement *Fort-Napoléon*), créé en 1857 par le maréchal Randon, sur un plateau élevée à 916 mètres au-dessus du niveau de la mer, pour commander la grande Kabylie, a glorieusement soutenu un siège contre les insurgés en 1871.

AUMALE, chef-lieu de subdivision militaire, sur la route nationale d'Alger à Bou-Saâda, fut fondée en 1846, au pied du djebel Dira, sur les ruines d'*Auzia* et de *Sour R'ozlan*. Elle ne comprend, pour ainsi dire, qu'une seule grande rue au milieu de laquelle se trouve un magnifique jardin public. Ses édifices ne présentent rien de remarquable, mais les ruines d'Auzia offrent, pour les archéologues, un puissant intérêt. La population agglomérée est peu importante.

Dans cette subdivision militaire, il y a lieu de mentionner encore :

LAGHOUAT (3,808 habitants), qui est le grand entrepôt du commerce avec le Sahara. Cette ville, qui est bâtie sur les flancs de deux mamelons du Djebel Tisgarin, a été prise d'assaut en 1852 par le général (depuis maréchal) Pélissier. Elle est située dans une magnifique oasis couverte de palmiers, de figuiers et de grenadiers. On y remarque la belle *place Randon* et la *mosquée Pélissier*, consacrée au culte catholique.

BOU-SAADA (5,112 habitants), située sur l'oued Bou-Saâda et entourée de jardins de palmiers : c'est une ville toute saharienne. Elle a été occupée en 1849 par le colonel (depuis général) Daumas.

Département d'Oran.

Le département d'Oran renferme 767,322 habitants, savoir :

En territoire civil................	674.830
En territoire de commandement...	92.492
Total égal........	767.322

ORAN, chef-lieu du département, et résidence du préfet, est bâtie au fond du golfe d'Oran, sur les deux flancs d'un ravin, et possède un port de 27 hectares de superficie avec des quais de 1,640 mètres de développement. Cette ville, qui a appartenu aux Espagnols, de 1509 à 1708 et de 1732 à 1791, est formée de la réunion de trois quartiers : la ville française au milieu, la ville espagnole à l'ouest, et la ville arabe au sud-ouest, plus les faubourgs de Kerguenta, de Saint-Michel et du village nègre, qui y ont été annexés. On remarque à Oran : la *cathédrale Saint-Louis*, réédifiée en 1839, et qui domine le quartier de la marine ; — la *mosquée du Pacha*; — le *Château-neuf*, ancienne résidence des beys, aujourd'hui transformé en caserne et où réside le général commandant la division; — la *Banque*, sur le *boulevard Malakoff*. — Les maisons sont, en général, modernes et françaises. Il faut citer aussi la *promenade de Létang* et le *boulevard Oudinot*, qui part du pied de la *Kasbah*. La population d'Oran est de 53,500 habitants. Cette ville est reliée à Alger par une voie ferrée. En outre, des lignes de bateaux la relient à la France et à l'Espagne. Trois routes nationales passent par Oran ou y aboutissent; ce sont : celle d'Alger à Oran, celle de Mers-el-Kebir à Tlemcen et celle d'Oran à Géryville. Oran est le siège d'un évêché, d'une division militaire et d'un tribunal de première instance; elle possède un collège d'enseignement secondaire et des cours supérieurs de langue arabe.

Dans l'arrondissement d'Oran, il faut encore remarquer :

ARZEU (2,791 habitants), sur l'emplacement de l'ancienne *Portus Magnus*, prise en 1833 par le général Desmichels; cette ville présente des rues bien alignées et possède un port dont le développement s'accroît chaque jour, grâce à l'exploitation de l'alfa par la Compagnie franco-algérienne. Arzeu est la tête de ligne du chemin de fer d'Arzeu à Saïda et à Modzbah.

MERS-EL-KEBIR (1,456 habitants), petit port sur le golfe d'Oran.

PERRÉGAUX (2,136 habitants), chef-lieu de canton, sur l'Habra, et à l'intersection des lignes d'Alger à Oran et d'Arzeu à Saïda. Perrégaux a pris le nom d'un général de brigade mort au deuxième siège de Constantine.

SAINT-DENIS-DU-SIG (6,998 habitants), chef-lieu de canton, sur le Sig et sur la ligne d'Alger à Oran; il s'y tient un marché important. On y remarque : une église romane, un jardin public, un beau pont sur le Sig et des minoteries. Les rues sont bordées d'arbres. Dans les environs se trouvent de belles fermes.

SAINTE-BARBE-DU-TLÉLAT (1,170 habitants), chef-lieu de canton, sur le Tlélat et sur la ligne d'Alger à Oran; c'est de là que part l'embranchement du Tlélat à Sidi-bel-Abbès; on y remarque de nombreux jardins.

AÏN-TEMOUCHENT (4,416 habitants), chef-lieu de canton, bâti sur un rocher escarpé qui domine des plaines fertiles, et au pied duquel l'oued Temouchent et l'oued Senan viennent confondre leurs eaux; on y remarque les ruines de l'ancienne *Timici* et de nombreux moulins.

MASCARA, chef-lieu d'arrondissement et chef-lieu de subdivision militaire, est située sur la route nationale d'Oran à Géryville, sur celle de Relizane à la frontière du Maroc, et sur le chemin de fer d'Arzeu à Saïda. Elle est construite sur le versant méridional du djebel Beni-Chougran, sur deux mamelons entre lesquels coule au fond d'un ravin l'oued Toudman, et d'où l'on domine la plaine d'*Eghris*. Incendiée par les Français en 1835 pour empêcher Abd–el–Kader d'y rentrer, elle fut reprise par eux six ans plus tard et reconstruite. Aujourd'hui, elle se compose de constructions françaises et arabes. On y remarque le *Beylik*, ancien palais de Mohammed-el-Kebir, et la *fontaine* de la *place de la République*. Elle est le siège d'un tribunal de première instance, et sa population est de 5,422 habitants. On y fait un commerce important d'huile et de minoterie. Dans les environs, on cultive avec succès les céréales, le tabac, la vigne et l'olivier.

GÉRYVILLE, commune mixte du territoire de commandement, est située à 1,300 mètres d'altitude sous un climat sain, mais très inégal. Elle a pris le nom du colonel Géry, qui le premier s'est avancé jusque dans cette région.

MOSTAGANEM, chef-lieu d'arrondissement, est située sur un plateau à un kilomètre de la mer, et sur la route nationale d'Alger à Oran. Elle a été prise en 1833 par le général Desmichels. Elle se compose de deux quartiers séparés par le ravin d'Aïn–Seufra, et on y remarque : la *mairie*, la *sous-préfecture*, le *palais de justice*, le *jardin public*, l'*aquarium*, la *place d'armes*, l'*avenue du 1er de ligne*, l'*avenue de la République*. La population de Mostaganem est de 11,342 habitants. Cette ville possède un collège d'enseignement secondaire et un tribunal de première instance. Une voie ferrée, qui remontera la vallée de la Mina, doit la relier à Relizane, sur la ligne d'Alger à Oran, avec prolongement sur Tiaret.

Dans le même arrondissement, il ne faut pas oublier :

MAZAGRAN, occupée dès 1833, et bâtie en amphithéâtre en vue de la mer. Cette petite localité a été rendue célèbre par un brillant fait d'armes accompli en 1840 : 123 soldats y repoussèrent pendant quatre jours consécutifs l'assaut donné par 2,000 Arabes. Le souvenir de cet évènement glorieux a été consacré par une colonne commémorative. On y remarque aussi une église de style gothico-arabe.

RELIZANE (3,252 habitants), chef-lieu de canton, sur la Mina, sur la route nationale d'Alger à Oran et sur le chemin de fer d'Alger à Oran. Il s'y tient un marché important.

SIDI-BEL-ABBÈS, chef-lieu d'arrondissement sur la Mekerra et sur le chemin de fer de Sainte-Barbe-du-Tlélat à Sidi-bel-Abbès, a été fondée par les Français en 1843, dans une magnifique plaine que traverse l'oued Mekerra. Sa situation est aujourd'hui très prospère et se développe chaque jour. Sa population est de 13,298 habitants.

Sidi-Brahim, dans le même arrondissement, a été illustré en 1845 par la défense héroïque de 410 soldats français du 8° bataillon de chasseurs à pied, dont 14 seulement survécurent.

Tlemcen, chef-lieu d'arrondissement et de subdivision militaire, est située sur un plateau au pied des rochers de Lella-Setti et au milieu des oliviers, des figuiers, des noyers et des térébinthes. Cette ville, déjà fort ancienne, fut prise en 1834 par le maréchal Clauzel, puis retomba en 1837 au pouvoir d'Abd-el-Kader qui en fit sa capitale, enfin fut reprise par les Français en 1842. On y remarque : l'*église* de style romano-byzantin ; — la grande mosquée ou *djama-Kebir* ; — le *Mechouar*, ancien palais des rois de Tlemcen, qui contient aujourd'hui différents établissements militaires ; — la *place d'Armes* ; la *place Saint-Michel*. — La population de Tlemcen est de 17,123 habitants. Cette ville possède un collège d'enseignement secondaire, une medraça ou école musulmane d'enseignement supérieur et un tribunal de première instance. Son industrie consiste principalement en tanneries, minoteries, huileries, etc. Tlemcen est reliée à Oran par une route nationale, et bientôt une voie ferrée allant d'Oran à la frontière du Maroc desservira Tlemcen en passant par Aïn-Temouchent.

Département de Constantine.

Le département de Constantine renferme
1,291,418 habitants, savoir :

En territoire civil...............	1,075,355
En territoire de commandement.	216,063

Total égal.......... 1,291,418

CONSTANTINE, chef-lieu du département et
résidence du préfet, est en même temps chef-lieu
de subdivision militaire. Elle s'élève sur un plateau
entouré par le Rummel, et est dominée par les
hauteurs de Mansourah et de Sidi-Meçid. Construite
sur l'emplacement de l'ancienne *Cirta*, elle a été
prise d'assaut en 1837, par le maréchal Valée. On
y remarque : la *cathédrale de Notre-Dame des
Sept-Douleurs*, ancienne mosquée de Souk-er-Rezel,
construite en 1703; — le *palais d'Hadj-Ahmed*,
construit par le dernier bey, et qui sert aujourd'hui
de résidence au général commandant la division
militaire ; — la *Kasbah*; — le *nouveau théâtre*; —
le pont ou *El-Kantara*, sur le Rummel, qui donne
accès dans la rue Nationale; la *place Valée*, avec la
statue du maréchal; — la *place du Palais*; —
enfin la *rue Nationale*, qui traverse le quartier
arabe. — La population de Constantine est de
33,405 habitants. Elle possède un lycée, une
medraça ou école musulmane d'enseignement
supérieurs des cours supérieurs de langue arabe,

un tribunal de première instance et un tribunal de commerce. On y fabrique des ouvrages
en peau et des tissus de laine, et on y trouve des
tanneries et des cordonneries. Constantine est reliée
à Alger et à Tébessa par deux routes nationales,
et se trouve, en outre, sur la route nationale de
Stora à Biskra. Deux lignes de chemins de fer partent de Constantine et se dirigent, l'une vers
Philippeville, l'autre vers Sétif; cette dernière doit
être très prochainement prolongée jusqu'à Alger.

Le Kroubs, dans le même arrondissement, et
sur la ligne de Constantine à Sétif, à l'embranchement de Guelma et de Bône, est un centre créé en
1859. Il s'y tient un important marché de bestiaux.

Tébessa (1,878 habitants), en territoire de commandement, bâtie sur les ruines de *Théveste*, au
pied du djebel Osmar et près de la frontière de
Tunisie, a été occupée en 1851 par le général
(depuis maréchal) de Saint-Arnaud; c'est une ville
encore arabe, où on remarque un arc-de-triomphe
romain et un temple de Minerve aujourd'hui transformé en église. Tébessa est située sous un climat
tempéré, et présente de beaux jardins, des environs
fertiles et de belles forêts aux alentours; on y trouve
de nombreuses fermes et des moulins à vapeur.

Bone, chef-lieu d'arrondissement et de subdivision militaire, au sud-ouest du golfe qui porte son
nom, est construite près de l'ancienne *Hippone* et

non loin des embouchures de l'oued Seybouse et de l'oued Bou-Djema. Bône est une des plus jolies villes de l'Algérie; elle est déjà fort ancienne, et appartient aux Français depuis 1832. On y remarque : l'*église*, monument de style gréco-byzantin; — la mosquée principale ou *djama-el-Bey*; — le *théâtre* mauresque; — la *place d'Armes*, plantée d'orangers et de palmiers; — la *place du Commerce*; — la *place Rovigo*; — la promenade du *Cours national*. — La population de Bône est de 19,687 habitants. Cette ville possède un collège d'enseignement secondaire et un tribunal de première instance. On y fait le commerce des bestiaux, des céréales, des huiles, de la cire, du miel, des cuirs, des laines, des minerais et du fer. Les environs sont d'une fertilité prodigieuse. L'établissement maritime de Bône se compose d'un avant-port de 70 hectares couvert par deux jetées qui ont ensemble une longueur de 1,500 mètres et d'une darse de 10 hectares au sud de l'avant-port. Les voies du chemin de fer de la mine de Mokta-el-Hadid et du chemin de fer de Bône à Guelma et au Kroubs arrivent jusque sur les quais. L'importance commerciale de Bône, qui est déjà considérable, s'accroîtra encore par suite de l'ouverture récente de la section de Souk-Ahras à la frontière tunisienne. Enfin des services de bateaux relient Bône à Marseille, à Alger et à Tunis.

AÏN-MOKHRA, chef-lieu de canton du même arrondissement, possède les riches mines de fer de *Mok-ta-el-Hadid*, qui sont reliées au port de Bône par une ligne ferrée.

LA CALLE (3,616 habitants), qui est construite sur des rochers au bord de la mer et qui était autrefois le centre des possessions françaises sur la côte et le centre du commerce de l'ancienne Compagnie d'Afrique, n'est plus aujourd'hui qu'un poste pour les barques de pêche et pour les corailleurs. La Calle a été occupée par les Français en 1836. On trouve aux environs de magnifiques forêts de chênes-lièges. On y fait un grand commerce de sardines à l'huile et de sardines salées.

BOUGIE, chef-lieu d'arrondissement, s'élève en amphithéâtre sur le golfe de ce nom et sur le flanc méridional du mont Gouraïa, au milieu de massifs d'orangers, de grenadiers et de figuiers de Barbarie. Les affaires y sont encore peu importantes : aussi a-t-on différé les principaux travaux qu'il faudrait exécuter pour tirer parti des excellentes dispositions du mouillage : à Bougie, en effet, tout est préparé par la nature pour la création d'un grand établisse-ment nautique, et il n'est guère permis de douter que ce port ne soit un jour le grand arsenal maritime de l'Algérie, à cause des conditions exceptionnelles dans lesquelles on peut y assurer la défense mili-taire. D'ailleurs le massif montagneux de la Grande-Kabylie renferme d'immenses richesses minérales, et l'importance du port de Bougie sera considérable quand les minerais pourront y être livrés sans être grevés de frais de transport trop onéreux. Bougie, qui a succédé à l'antique *Saldæ*, a été prise en 1833 par le général Trézel. On y remarque une *église* de style roman surmontée d'une coupole et construite en 1858 et la *place de l'Arsenal*. La population agglomérée de Bougie n'est encore que de 5.086 habitants. Bougie est le siège d'un tribunal de première instance. On y fait un important commerce de sardines à l'huile. Cette ville doit être reliée à la grande ligne d'Alger à Constantine par une voie ferrée remontant la vallée de l'oued Sahel; en outre, une route nationale la met en communication avec Sétif.

DJIDJELLI (3,021 habitants), chef-lieu de canton du même arrondissement, possède un petit port sur la Méditerranée, situé au pied de collines. Cette ville, en partie détruite par un tremblement de terre en 1856, possède aujourd'hui de belles rues bordées de platanes. O y fait le commerce des bois, des cuirs, des laines, des tissus et des grains. La culture des jardins y a pris une certaine extension.

GUELMA, chef-lieu d'arrondissement, est situé dans une plaine, à environ 2 kilomètres de l'oued Seybouse : c'est une ville toute neuve, très coquette et d'aspect tout français. On y remarque l'*Esplanade*, le *Jardin des fleurs*, et de belles rues bordées d'arbres. La population de Guelma est de 4,025 habitants. Elle est située sur le chemin de fer de Bône au Kroubs, possède des tanneries, des briqueteries, des minoteries, et fait un important commerce de bestiaux. Les bœufs de Guelma jouissent, d'ailleurs, d'une réputation méritée.

SOUK-AHRAS (4,350 habitants), qui occupe l'emplacement de l'ancienne *Thagaste* où naquit saint Augustin, est située dans l'arrondissement de Guelma; elle s'élève sur un plateau près de l'oued Medjerdah et de la frontière tunisienne. La voie ferrée qui la relie à la ligne de Bône à Guelma vient d'être prolongée jusqu'à Sidi-el-Hemessi, origine de la grande ligne tunisienne. Souk-Ahras possède un marché important.

PHILIPPEVILLE, chef-lieu d'arrondissement, a été fondée en 1838 sur l'emplacement de l'ancienne *Rusicada*, à 2 kilomètres de l'embouchure du Safsaf, sur la côte méditerranéenne. Son établissement maritime se compose d'un avant-port à l'est duquel se trouve une darse de 18 hectares de superficie, bordée de quais présentant un développement total de plus d'un kilomètre. Avant-port et darse sont couverts au nord par une grande jetée de 1,800 mètres de longueur, enracinée à la pointe Skikda et courant parallèlement à la côte, et à l'ouest par une jetée partant du Château-Vert et se dirigeant vers le musoir de la jetée nord. Les rues

de Philippeville sont larges et bien alignées; on
remarque la *place de la Marine* et la *rue Nationale*
La population est de 13,394 habitants. Cette vill
possède un collège d'enseignement secondaire e
un tribunal de première instance. Philippeville qu
est, à vrai dire, le port de Constantine, est reliée à
cette dernière ville par une ligne ferrée dont la gar
est sur le quai même. Enfin Philippeville se trouv
sur la route nationale de Stora à Biskra, qui la me
également en communication avec Constantine
Une ligne maritime fait un service régulier entr
Philippeville et Marseille.

STORA (1,057 habitants), dans le même arrondis
sement, est un joli bourg assis au bord de la mer au
pied d'une montagne à pic. On y voit d'anciennes
citernes romaines, et, dans les environs, des forêts
de chênes-lièges.

COLLO (1,269 habitants), chef-lieu de canton
situé au pied du djebel Goufi, dans un pays salubre
et fécond, possède un bon port sur la Méditerranée
Cette ville a été occupée en 1843 par le généra
(depuis maréchal) Baraguey-d'Hilliers. On y admire
des jardins d'oliviers et de cactus. On y fait le
commerce des poissons salés et des sardines à
l'huile.

SÉTIF, chef-lieu d'arrondissement et de subdi
vision militaire, située à 2 kilomètres de l'oued
Bou-Sellam, dans une région fertile, a été fondée

en 1847 par les Français sur l'emplacement de l'ancienne *Sitifis*. Les rues en sont larges, bien alignées et bordées d'arbres. Les seuls édifices à signaler sont : l'*église*, la *mosquée*, le *bureau arabe* et la *colonne* surmontée du buste en marbre du duc d'Orléans, qui a été érigée sur le rond-point de la *promenade d'Orléans* en mémoire de l'expédition des Portes de Fer. La population de Sétif est de 5.833 habitants. Cette ville possède un collège d'enseignement secondaire et est le siège d'un tribunal civil. Elle est reliée à Constantine par un chemin de fer qui sera prochainement prolongé jusqu'à Alger. La route nationale d'Alger à Constantine dessert Sétif, d'où se détache une autre route nationale qui la met en communication directe avec Bougie.

BORDJ-BOU-ARRERIDJ (1.219 habitants), commune mixte du même arrondissement, et siège d'une justice de paix, est située au centre de la Medjana, dans une région d'une fertilité extrême. Créée en 1841 par le général de Négrier, elle a été incendiée en 1871 lors de l'insurrection, et reconstruite depuis. Elle est située sur le chemin de fer d'Alger à Constantine.

BATNA, chef-lieu de subdivision militaire, est située à l'entrée d'une vaste plaine et sous un climat excessif. Fondée en 1844, elle a été en partie détruite pendant l'insurrection de 1871 et s'est reconstruite depuis. On y voit des rues droites et bordées de platanes et la belle promenade ᴅes *allées de la Prairie*. Sa population agglomérée est de 2.548 habitants. Batna est située sur la route nationale de Sora à Biskra, et est reliée à Constantine par une ligne ferrée.

BISKRA (1.627 habitants), sur l'oued Biskra, a été occupée en 1844 par le duc d'Aumale. Les environs sont couverts de jardins, de dattiers et d'oliviers.

Voies de communication.

Aux termes de la loi du 29 mars 1879, le réseau actuel de la grande voirie a pour bases les dix *routes nationales* suivantes, dont le développement total est de 2.983 kilomètres.

Route nationale n° 1, d'Alger à Laghouat par Blidah et Médéah : cette route, qui traverse la Chiffa sur un pont de quatre arches de 50 mètres de portée, l'Oud-el-Kèbir, l'Oued Merdja, l'Oued Mouzaïa et l'Oued-el-Hacoun, a une longueur de 448 kilomètres.

Route nationale n° 2, de Mers-el-Kèbir à Tlemcen par Oran, Misserghin et Aïn-Temouchent : cette route, sur laquelle on remarque les ponts de Rio-Salado et de l'Isser, a une longueur de 139 kilomètres.

Route nationale n° 3, de Stora à Biskra par Philippeville, Constantine et Batna : sur cette route, il faut signaler les trois ponts du Rummel, et surtout le pont d'El-Kantara, à l'entrée de Constantine, qui est construit sur le profond ravin de l'Oued, et qui mérite d'être signalé parmi les ouvrages les plus hardis et les plus beaux. La longueur de cette route est de 325 kilomètres.

Route nationale n° 4, d'Alger à Oran par la vallée du Chélif, c'est-à-dire par la Chiffa, Bourkika, Orléansville, Relizane, Mostaganem et Arzeu : sur cette route, dont le développement est de 424 kilomètres, il faut remarquer les ponts sur le Bou-Roumi, sur l'Oued Djer, sur l'Oued-el-Hammam, sur l'Oued Rouïna, sur l'Oued Fodda, sur le Riou, sur la Mina, sur la Djidiouia, sur la Makta, enfin le pont du Chéliff, qui est le premier grand pont en maçonnerie construit en Algérie.

Route nationale n° 5, d'Alger à Constantine par la Maison-Carrée, Ben-Hini, Beni-Mansour, Bordj-bou-Arréridj et Sétif : cette route, qui franchit le Hamiz, le Boudouaou, le Corso et l'Isser sur des ponts métalliques, s'étend sur une longueur de 440 kilomètres.

Route nationale n° 6, d'Oran à Géryville, par Mascara et Saïda : longueur 333 kilomètres.

Route nationale n° 7, de Relizane à la frontière du Maroc par Mascara, etc. : longueur 347 kilomètres.

Route nationale n° 8, d'Alger à Bou-Saâda par Aumale : longueur 247 kilomètres.

Route nationale n° 9, de Bougie à Sétif par Chabet-el-Akra : longueur 111 kilomètres.

Route nationale n° 10, de Constantine à Tébessa par les Ouled-Rhamoun : longueur 169 kilomètres.

Ces dix routes nationales, qui sillonnent le territoire, y déterminant de vaste compartiments, dans lesquels viennent se placer les *routes départementales*, les *chemins de grande communication* et les *chemins d'intérêt commun*. Le développement total du réseau de grande voirie est de 10.580 kilomètres, qui se répartissent comme suit d'après le dernier classement :

Routes nationales.........	2.983 kilomètres.
Routes départementales....	1.316	—
Chemins de grande communication...............	4.982	—
Chemins d'intérêt commun .	1.299	—
Total..............	10.580	—

Il est d'ailleurs à remarquer que sur plusieurs points les routes nationales sont encore en lacune, et qu'il s'écoulera sans doute de longues années avant que le réseau des routes départementales et des chemins vicinaux, tel qu'il résulte du dernier classement, soit complètement exécuté et livré à la circulation.

Les chemins de fer de l'Algérie avaient, au

1er janvier 1885, un développement de 1.759 kilomètres en exploitation ainsi répartis :

DÉSIGNATION des COMPAGNIES.	LIGNES EXPLOITÉES.	Kilo-mètres.	En-semble.
Paris à Lyon et à la Méditerranée.	D'Alger à Oran.........	426	513
	De Philippeville à Cons-tantine...............	87	
Est Algérien.	De Constantine à El-Achir.	237	360
	De la Maison-Carrée à Ménerville...........	43	
	D'El-Guerrah à Batna...	80	
Ouest-Algérien.	De Sainte-Barbe-du-Tlé-lat à Tayen-Yaya.....	128	186
	De la Sénia à Rio-Salado.	58	
Bône-Guelma et pro-longements.	De Bône au Kroubs......	203	308
	De Duvivier à Sidi-el-He-messi...............	105	
Franco-Algérienne.	D'Arzeu à Modzbah.....	238	238
Mokta-el-Hadid.	De Bône à Aïn-Mokhra..	33	33
Mines du Kef-oum-Théboul.	Des usines du Kef-oum-Théboul à l'embouchure de la Messida.........	7	7
Etat.	De Modzbah à Mécheria.	114	114
	TOTAL.......	1.759	

La ligne d'Alger à Oran, qui est ouverte depuis
1871, dessert La Maison-Carrée, Blidah, Milianah,
Orléansville, Perrégaux, Saint-Barbe-du-Tlélat ;

La ligne de Philippeville à Constantine a été
ouverte en 1870 ;

La ligne de Constantine à El-Achir dessert Le
Kroubs, Sétif, Bordj-bou-Arréridj ; elle a été
ouverte jusqu'à Sétif en 1879 et jusqu'à El-Achir
en 1882 ;

4.

La ligne de La Maison-Carrée à Ménerville, ouverte en 1881, passe à l'Alma ; elle doit rejoindre la précédente à El-Achir ;

La ligne d'El-Guerrah à Batna, qui s'embranche sur celle de Constantine à El-Achir, a été livrée à l'exploitation en 1882 ;

La ligne de Sainte-Barbe-du-Tlélat à Tayen-Yaya a été livrée à la circulation jusqu'à Sidi-bel-Abbès en 1877, et au-delà de cette ville en 1883 ;

La ligne de la Sénia à Rio-Salado, ouverte tout récemment, n'est que le premier tronçon de la ligne qui doit joindre Oran à Tlemcen ;

La ligne de Bône au Kroubs, terminée depuis 1879, dessert Duvivier et Guelma ;

La ligne de Duvivier à Sidi-el-Hemessi, ouverte en 1881 jusqu'à Souk-Arrhas, et tout récemment jusqu'à la frontière tunisienne, rejoint, à Sidi-el-Hemessi, la ligne de la *Medjerdah* qui appartient aussi à la Compagnie de Bône–Guelma, et qui dessert les points ci-après : Ghardimaou, Souk-el-Arba, Béja, Medjez-el-Bab, Tebourba, Tunis, et embranchement de la Marine. La ligne de la Medjerdah a été terminée en 1881. Sa longueur est de 195 kilomètres ;

La ligne d'Arzeu à Modzbah, ouverte de 1879 à 1881, dessert Perrégaux, Mascara, Saïda et Kralfalla ;

La ligne de Bône à Aïn-Mokhra, ouverte en 1864, et celle du Kef-oum-Théboul à l'embouchure de la

Messida, ouverte en 1882, sont des lignes industrielles ;

Enfin le chemin stratégique de Modzbah à Mécheria a été ouvert en 1881 et 1882.

La loi du 16 août 1879 a autorisé le ministre des Postes et des Télégraphes à s'engager, au nom de l'Etat, pour une durée de quinze années, au paiement d'une subvention annuelle pour l'exploitation des lignes maritimes postales ci-après :

1° Ligne de Marseille à Alger ;

2° Ligne de Port-Vendres à Alger ;

3° Ligne d'Alger à Bône ;

4° Ligne de Marseille à Oran ;

5° Ligne de Port-Vendres à Oran ;

6° Ligne d'Oran à Tanger ;

7° Ligne de Marseille à Philippeville ;

8° Ligne de Marseille à Bône et à Tunis ;

9° Ligne de Tunis à Tripoli de Barbarie.

La *Compagnie Transatlantique* a été déclarée adjudicataire de ces diverses lignes, et le nouveau service a commencé à fonctionner le 2 juillet 1880.

10° Enfin la loi du 17 juillet 1880 a approuvé la création d'une ligne maritime postale entre Marseille et Bône, sans escales, en addition des parcours prévus par la loi du 16 août 1879.

Actuellement, cinq câbles télégraphiques sous-marins relient l'Algérie à la France. Deux partent de Bône et trois d'Alger. Ils aboutissent tous à Marseille. En voici le détail :

1º Le câble de Bône à Marseille, inauguré le 1er août 1870: cette ligne, qui est prolongée jusqu'à Malte, appartient à l'*Eastern Telegraph Company* ;

2º Le câble d'Alger à Marseille, propriété du gouvernement français, inauguré le 1er juillet 1871 ;

3º Deuxième câble de Bône à Marseille, propriété de la Compagnie anglaise, inauguré le 26 juillet 1877 ;

4º Deuxième câble d'Alger à Marseille, propriété du gouvernement français, inauguré en octobre 1879 ;

5º Troisième câble d'Alger à Marseille, propriété du gouvernement français, inauguré en octobre 1880 ;

Enfin il existe aujourd'hui, desservies par d'excellents paquebots à vapeur, les lignes suivantes affectées au transport des voyageurs et des marchandises :

1º D'Alger à Marseille ;

2º D'Alger à Marseille et Cette ;

3º D'Alger aux ports de la côte orientale d'Algérie et à Tunis ;

4º D'Oran à Marseille ;

5º D'Oran à Tanger, Gibraltar et Cadix;

6º De Mostaganem à Cette, par Arzeu et Oran ;

7º De Philippeville à Marseille;

8º De Bône à Marseille.

A diverses reprises, un service de paquebots a fonctionné entre Oran et Carthagène et aussi entre les îles Baléares et Alger, pendant la belle saison, mais ces lignes n'ont pas un caractère permanent et régulier.

Administration.

Le gouvernement et la haute administration de l'Algérie sont confiés à un gouverneur général civil, qui réside à Alger, et qui a également dans ses attributions l'administration des populations indigènes établies dans les territoires de commandement. Le gouverneur général est assisté d'un conseil de gouvernement.

Dans chaque province, la partie dite territoire civil forme un département divisé en arrondissements et communes ; le territoire de commandement, habité presque exclusivement par des tribus indigènes encore trop éloignées de nos grands centres de colonisation pour y être rattachées, relève temporairement, sous le rapport de la haute police et de l'administration, du général commandant la division militaire. Chaque département est représenté, dans les deux Chambres du Parlement, par un sénateur et deux députés.

A la tête de chaque département est un préfet assisté d'un conseil de préfecture, et représenté, à la tête de chaque arrondissement, par un sous-préfet. Les communes des trois départements ont chacune leur conseil municipal issu de l'élection, et dont les attributions sont identiques à celles des conseils municipaux de la métropole. Quant au conseil général du département, dont les membres sont également élus, il siège deux fois chaque année et jouit des mêmes prérogatives et attributions que les conseils généraux de France. Comme on le voit, l'assimulation est maintenant complète, entre l'Algérie et la métropole.

Le Conseil supérieur de gouvernement, qui est composé des plus hauts fonctionnaires de la colonie et de six délégués de chacun des trois conseils généraux, se réunit chaque année à Alger sous la présidence du gouverneur général pour préparer le budget du gouvernement général et examiner les questions administratives les plus importantes.

Armée. — L'armée d'Afrique constitue le 19° corps d'armée, et comprend des troupes de toutes armes : état-major, gendarmerie, infanterie, y compris les compagnies de discipline, cavalerie, artillerie, génie, train des équipages, troupes d'administration, services administratifs, régiment étranger, troupes indigènes, condamnés militaires.

Le 19ᵉ corps d'armée est réparti entre trois divisions : celle d'Alger, celle d'Oran et celle de Constantine ; chaque division comprend à son tour un certain nombre de subdivisions ainsi réparties : la division d'Alger se compose des subdivisions d'Alger, d'Aumale, de Dellys, de Médéah et d'Orléansville ; — la division d'Oran est formée des subdivisions d'Oran, de Mascara et de Tlemcen ; — enfin la division de Constantine comprend les subdivisions de Constantine, de Bône, de Sétif et de Batna.

En 1881, l'effectif des troupes était de 81,250 hommes et 16,278 chevaux répartis de la manière suivante entre les trois provinces :

PROVINCES.	OFFICIERS.	TROUPES.	TOTAL.	CHEVAUX.
Alger.................	860	22.451	23.311	5.094
Oran.................	1.200	28.693	29.893	5.702
Constantine	1.021	27.025	28.046	5.482
TOTAUX.....	3.081	73.169	81.250	16.278

Les conseils de guerre sont au nombre de six : un à Alger, un à Blidah, deux à Oran et deux à Constantine. Ils connaissent des crimes et délits commis par les militaires, ainsi que des crimes et délits commis en territoire de commandement par les indigènes musulmans.

Marine. — Les différents services de la marine en Algérie sont placés sous l'autorité d'un officier général du grade de contre-amiral, qui a sous ses ordres deux bâtiments de l'Etat attachés à la station navale, et un personnel à terre.

Instruction publique. — L'académie d'Alger

comprend dans son ressort les trois départements algériens. Le haut personnel se compose du recteur, chef de service, et de trois inspecteurs d'académie résidant au chef-lieu de chaque département. En outre, deux inspecteurs primaires par département sont chargés de la surveillance des écoles primaires. Le conseil académique et les conseils départementaux prêtent un concours efficace à l'Administration académique.

L'enseignement supérieur comprend : l'école préparatoire de médecine et de pharmacie, l'école préparatoire à l'enseignement du droit, l'école préparatoire à l'enseignement des sciences, l'école préparatoire à l'enseignement supérieur des lettres, l'école nationale des beaux-arts, établies à Alger, l'Observatoire, la Bibliothèque et le Musée d'Alger, les cours supérieurs de langue arabe à Alger, Oran et Constantine, enfin les *medraças* d'Alger, de Tlemcen et de Constantine, ou écoles musulmanes d'enseignement supérieur.

L'enseignement secondaire est donné dans les établissements suivants : lycée d'Alger, collèges de Blidah, de Médéah, de Milianah (département d'Alger); — collèges d'Oran, de Mostaganem, de Tlemcen (département d'Oran); — lycée de Constantine, collèges de Bône, de Philippeville et de Sétif (département de Constantine); — enfin par les institutions libres de Saint-Charles à Blidah, et Baffie à Oran.

L'enseignement primaire était donné, au 1ᵉʳ janvier 1882, dans 728 écoles primaires, dont 574 écoles laïques et 154 écoles congréganistes, et dans 188 salles d'asile, dont 83 laïques et 105 congréganistes. — Dans les tribus indigènes, il existe aussi de nombreuses écoles primaires musulmanes connues sous les noms de de *zaouïas* et de *derers* : ces écoles sont surveillées par l'autorité militaire, mais celle-ci n'intervient ni dans leur direction, ni dans l'enseignement tout arabe qui s'y donne.

Justice. — L'organisation judiciaire de l'Algérie comprend :

Une cour d'appel siégeant à Alger, et dont le ressort embrasse la totalité de l'Algérie ;

Treize tribunaux de première instance installés dans les villes suivantes : Alger, Blidah, Orléansville, Tizi-Ouzou (département d'Alger) ; — Oran, Mascara, Mostaganem, Tlemcen (département d'Oran) ; — Constantine, Bône, Bougie, Philippeville, Sétif (département de Constantine) ;

Trois tribunaux de commerce ;

Soixante-dix-sept justices de paix.

Ces tribunaux connaissent, entre toutes personnes, de toutes les affaires civiles et commerciales, à l'exception de celles dans lesquelles des musulmans sont seuls parties, et qui sont portées devant les tribunaux indigènes ; c'est la loi française qui régit les conventions et les contestations entre Français et étrangers. Les tribunaux de première instance connaissent de tous délits ou contraventions, à quelque nation ou religion qu'appartienne l'inculpé ; il ne peuvent prononcer, même contre les indigènes, que les peines édictées par les lois pénales françaises. — Les tribunaux de commerce sont formés, comme en France, par voie d'élection. — Enfin, des cours d'assises appelées à connaître de tous les faits qualifiés crimes par la loi, statuent avec l'assistance d'un jury composé d'après les règles en usage dans la métropole.

Cultes. — 1° Culte catholique. — Chacun des trois départements de l'Algérie est érigé en diocèse. Depuis 1867, l'évêché d'Alger, ancien évêché d'*Icosium* fondé au IIe siècle et rétabli en 1838, a été érigé en archevêché ; le Saint-Siège lui a uni le titre de *Julia Cæsarea*. L'archevêque d'Alger est en outre vicaire apostolique en Tunisie. — La province d'Oran, qui, depuis 1838, faisait partie du diocèse d'Alger, a formé, depuis 1866, un évêché séparé. — Enfin, l'évêché de Constantine, ancien évêché de *Cirta*, fondé au IIe siècle, a été rétabli en 1866 et distrait du diocèse d'Alger, dont il faisait partie auparavant. Le Saint-Siège lui a uni le titre d'*Hippone*. — Le nombre des paroisses catholiques, en Algérie, est d'environ 225.

2° Culte protestant. — Il est institué un consistoire provincial au chef-lieu de chacun des trois départements. Les membres laïques y sont en nombre double de celui des pasteurs et sont choisis par parties égales dans l'Eglise réformée et dans celle de la confession d'Augsbourg. — On compte 14 paroisses protestantes en Algérie.

3° Culte israélite. — Il existe un consistoire provincial au chef-lieu de chacun des trois départements. Chaque consistoire est composé du grand rabbin de la circonscription et de six membres laïques élus.

4° Culte musulman. — Le culte musulman a des *muphtis*, des *thalebs* et des *imans*. Il est compris parmi les services indigènes et porté au budget pour une somme déterminée.

Les habitants.

En dehors des Français et des autres Européens qui sont allés s'établir en Algérie, les habitants de notre colonie peuvent se diviser en Kabyles, Arabes, Maures, Koulour'lis, Nègres et Juifs.

Les *Kabyles* ou *Berbères*, qui sont répandus dans toute la région du Tell, principalement à l'est d'Alger, sont de taille moyenne et bien constitués; ils sont sobres, intelligents et laborieux et exercent noblement l'hospitalité. En général, ils s'adonnent à l'horticulture et à l'élevage des bestiaux. A l'encontre de l'Arabe, qui est polygame, le Kabyle n'a qu'une seule femme et possède à un haut degré le sentiment de la famille.

Les *Arabes* sont grands et vigoureux. Ils sont assez hospitaliers et vivent en tribus nomades. En général l'Arabe est pâtre ou laboureur.

On donne le nom de *Maures* aux Arabes des villes. Les Maures ont la peau assez blanche ; ils sont de haute taille et d'un caractère paisible. Un grand nombre d'entre eux ont quitté l'Algérie depuis la conquête française, et se sont réfugiés soit dans le Maroc, soit en Tunisie ou en Tripolitaine, soit en Égypte, soit enfin en Turquie.

Quant aux *Koulour'lis* ou fils de Turcs et de femmes mauresques, que l'on confond souvent avec les Maures, dont ils ont, d'ailleurs, les mœurs et avec lesquels ils se mélangent, ils tendent de plus en plus chaque jour à disparaître.

Les *Nègres* sont originaires de l'Afrique centrale, mais, depuis l'abolition de l'esclavage, leur nombre, en Algérie, va toujours décroissant. Ceux qui y restent encore sont ouvriers ou hommes de peine ; les négresses sont domestiques chez les Maures ou chez les Européens.

Quant aux *Juifs*, ils constituent un des plus beaux types de l'Algérie. Après avoir été longtemps persécutés, ils sont devenus fort riches sous notre domination et possèdent d'importants immeubles ou bien font le commerce de la joaillerie. Ils portent, en général, le costume des Maures ou des Arabes.

Le costume des indigènes est encore aujourd'hui

ce qu'il était il y a plusieurs siècles ; il est, d'ailleurs, bien approprié aux conditions hygiéniques
et du climat. La tête est complètement rasée, à
l'exception de la partie supérieure ; sur le crâne se
place une légère calotte en cotonnade recouverte
d'une seconde calotte plus grande en laine rouge,
ou *châchia*. Les Arabes entourent ce fond de coif-
fure de longues pièces d'étoffe roulées qui forment
le *turban*, ou bien de cordes de poil de chameau
destinées à maintenir le *haïk* en soie ou en laine
qui retombe sur les épaules et enveloppe tout le
corps. L'habillement se compose d'un large pantalon coulissé à la taille et serré au genou, d'une
longue chemise de toile et d'un *burnous* en laine.
Le tout est complété par une paire de larges pan-
toufles sans talons et à bout arrondis. Les cavaliers
arabes portent des bottes molles en cuir rouge
agrémentées de soutaches et une veste brodée
fendue sous les bras avec une rangée de boutons
de chaque côté de la fente.

L'habillement des Maures est un peu plus com-
pliqué, et se compose du pantalon flottant, de la
chemise de toile, d'un gilet fermé sans manches,
d'un autre gilet ouvert, d'une veste brodée s'arrê-
tant à la taille et d'une large ceinture en laine ou
en soie.

Les femmes des tribus arabes ont pour tout costume une robe en laine ou en calicot. Quant aux
Mauresques, elles sont vêtues avec beaucoup d'élé-

gance. Chez elles, elles portent une longue veste
en velours ou en drap ouverte sur le devant et
ornée de broderies et de passementeries. Pour sortir,
elles s'enveloppent la figure d'un voile en mousse-
line qui ne laisse voir que les yeux. Le pantalon
large et coulissé à la taille descend jusqu'à la che-
ville et est recouvert d'une petite jupe qui ne
dépasse pas le genou ; le tout est complété par une
ceinture de soie brodée et par une pièce d'étoffe en
coton rayé ou en laine et soie, qui enveloppe la
tête, retombe sur les épaules et les reins et se
ramène devant la poitrine avec les mains. Les
Mauresques portent en outre beaucoup de bijoux

Les Kabyles sont uniformément vêtus d'une
large chemise en cotonnade ou en laine recouverte
d'un burnous ; ils se coiffent d'une châchia rouge
Les femmes Kabyles ont un costume tout auss
rudimentaire composé d'une sorte de tunique anti
que en laine ou en coton, et surmontée d'un ca
puchon.

Colonisation.

Depuis que la conquête de l'Algérie a été te
minée, c'est-à-dire depuis qu'à la période de guerr
a succédé la période de pacification, la questio
capitale est devenue la colonisation, c'est-à-dir
l'implantation dans le pays, à côté de la populatio
indigène, d'un élément européen, français le pl

possible, nécessaire pour l'occuper solidement, le conquérir complètement à la civilisation, et tirer parti des immenses ressources qu'il offre au travail et à l'intelligence. Les premiers essais remontent à 1840 ; depuis lors, bien des systèmes ont été tentés et abandonnés tour à tour, les résultats n'ayant pas répondu à l'attente du gouvernement. La population coloniale ne s'est donc accrue que lentement. Les mesures adoptées ont généralement consisté dans la création de centres européens et la concession gratuite de terres cultivables ; on a considéré que, lorsque le gouvernement fondait un village et y appelait des colons, il avait le devoir de les installer dans des conditions favorables à leur prospérité, c'est-à-dire de leur procurer, indépendamment de la terre et de la maison, l'eau, l'assainissement du sol, des voies de communication pour écouler leurs produits, les établissements nécessaires pour le culte et l'instruction, enfin la sécurité pour leurs personnes et leurs biens. En outre, la pauvreté des émigrants a obligé à leur fournir, soit en argent, soit en nature, des instruments de travail et les moyens de vivre, au moins jusqu'à la première récolte.

Depuis 1871, le peuplement de l'Algérie par les émigrants français ou naturalisés est le principal objectif du gouvernement. Actuellement, la colonisation algérienne a pour bases les lois des 21 juin et 15 septembre 1871, et les décrets des 16 octobre 1871, 10 octobre 1872 et 15 juillet 1874. Les principales dispositions de ce dernier décret sont les suivantes :

Le gouverneur général est autorisé à consentir, sous promesse de propriété définitive, des locations de terres domaniales d'une durée de cinq années en faveur de tous Français d'origine européenne ou naturalisés qui justifient de la possession de ressources suffisantes pour vivre pendant une année. A titre de récompense exceptionnelle, la même faveur peut être accordée, le conseil de gouvernement entendu, à tous indigènes non naturalisés qui ont rendu des services signalés à la France, en servant dans les corps constitués de l'armée de terre et de mer. La location est faite à la condition de résidence personnelle sur la terre louée pendant toute la durée du bail. Le locataire doit payer annuellement et d'avance, à la caisse du receveur de la situation des biens, la somme *d'un franc*, quelle que soit l'étendue de son lot. La contenance de chaque lot est proportionnée à la composition de la famille, à raison de 10 hectares au plus et de 3 hectares au moins par tête, hommes, femmes, enfants, les gens à gage n'entrant pas en ligne de compte. Les célibataires peuvent être admis aux concessions; ils ne jouissent sur leur lot que d'une superficie maximum de 10 hectares. Le complément leur est remis seulement après qu'ils ont contracté mariage, et jusque-là il reste entre les mains de la commune qui en a la jouissance provisoire. Après le délai de cinq ans, si le concessionnaire n'est pas marié, l'Etat peut disposer du complément réservé, soit au profit de la commune, soit au profit d'un particulier. L'étendue d'une concession ne peut être moindre de 20 hectares ni excéder 50 hectares, si l'attribution est comprise sur le territoire d'un centre de population ; elle peut atteindre 100 hectares, s'il s'agit de lots de fermes isolées. — A l'expiration de la cinquième année, le bail est converti en titre définitif de propriété, sous la simple réserve de ne point vendre, pendant une nouvelle période de cinq ans, à tous indigènes non naturalisés. En cas de contravention à cette défense, la concession est résolue de plein droit au profit de l'Etat.

Pendant cinq ans, le concessionnaire, devenu propriétaire, est affranchi de tous impôts qui, devant être perçus au profit de l'Etat, pourraient être établis sur la propriété immobilière en Algérie. — Les terres qui ne se prêtent pas à la création de villages, et qui sont allotiés sous la dénomination de fermes isolées, d'une contenance variant entre les limites extrêmes de 50 à 100 hectares, peuvent être vendues aux enchères publiques dont les indigènes non naturalisés sont exclus. L'acquéreur ne peut revendre sa terre, avant dix années, à des indigènes non naturalisés. En cas de contravention à cette défense, la concession est résolue de plein droit au profit de l'Etat. — Les sociétés qui s'engageraient à construire et à peupler, dans un but d'industrie ou de colonisation, un ou plusieurs villages, peuvent recevoir des concessions de terres aux conditions fixées par le décret du 15 juillet 1874, mais à charge par elles d'en consentir la rétrocession au profit de familles d'ouvriers ou de cultivateurs d'origine française. Les rétrocessions s'effectuent dans les délais qui sont stipulés par l'administration, de concert avec les sociétés. — Les stipulations qui précèdent ont été introduites dans le décret du 15 juillet 1874, en vue principalement de la Société de protection des Alsaciens-Lorrains. D'autres compagnies sont, d'ailleurs, en instance pour obtenir, dans les mêmes conditions, des concessions d'une étendue plus ou moins considérable.

La situation de la colonisation depuis la promulgation du décret du 16 octobre 1871 jusqu'au 31 décembre 1881 s'établit comme suit :

La superficie des terres concédées aux émigrants et aux colons algériens est de 457,120 hectares, sur lesquels 334,897 ont été affectés aux concessions individuelles ; le reste appartient, avec une affectation propre, aux communes, aux départements et au domaine public. La valeur de ces terres s'élève à 41,589,923 francs. Il a été dépensé pour travaux d'installation des colons une somme de 14,939,135 francs. L'ensemble des concessions accordées aux particuliers comprend 10,780 lots, savoir :

ALLOTISSEMENT DU PÉRIMÈTRE.

Nombre de concessions de village, 7,764
Nombre de lots de ferme, 1,241
Nombre de concessions industrielles, 1,775

Total : 10,780

Les centres colonisés sont généralement échelonnés sur les routes, ou placés tout au moins à leur proximité, de manière à faciliter les relations quotidiennes de la vie, les échanges et l'écoulement des produits.

Le nombre des lots disponibles au 1er janvier 1882 était de 1,158 représentant une superficie de 12,390 hectares, et ainsi répartis :

Nombre de lots de village, 416
Nombre de lots de ferme, 64
Nombre de lots industriels, 678

Total : 1,158

Des bureaux de renseignements généraux on été établis pour fournir aux agriculteurs et industriels qui désirent s'établir en Algérie, les renseignements qui peuvent les intéresser. Ces bureaux sont situés : à Alger, à l'hôtel des Postes ; à Oran, à la préfecture ; à Bône et à Philippeville, à la sous-préfecture ; enfin à Paris, au Ministère de l'intérieur.

Les colons et leurs familles se rendant en Algérie munis d'un acte provisoire de location sous

promesse de propriété définitive, sont transportés
en voiture de 3ᵉ classe à moitié prix du tarif de
cette classe : 1° sur le réseau du Nord ; — 2° d'une
gare quelconque du réseau de l'Est à Gray ; —
3° d'une gare quelconque du réseau de l'Ouest à
Paris ; — 4° d'une gare quelconque du réseau
P.-L.-M. à Marseille.

Les colons et leurs familles se rendant en
Algérie munis, soit d'un titre provisoire de propriété, soit d'un acte provisoire de location, ou bien
encore d'un certificat délivré par la Commission
d'émigration de Belfort et de Nancy, sont transportés en voiture de 3ᵉ classe à moitié prix des
places de cette classe : 1° d'Alger, d'Oran, de
Philippeville à une gare quelconque des chemins
de fer Algériens du réseau P.-L.-M. ; — 2° d'Alger
ou de Constantine à une gare quelconque de la
ligne de l'Est-Algérien ; — 3° de Sainte-Barbe-du-
Tlélat à une gare quelconque de la ligne de l'Ouest
Algérien.

Chaque colon a droit au transport gratuit de
100 kilogrammes de bagages. Les enfants accom-
pagnant les colons sont admis, de 3 à 7 ans, à jouir
du quart du prix des places de 3ᵉ classe avec allo-
cation en leur faveur de 50 kilogrammes de bagages
en franchise. Les enfants de moins de 3 ans ne
paient rien, à la condition d'être tenus sur les
genoux de leurs parents, mais ils n'ont droit à
aucun transport gratuit de bagages.

TUNISIE

La Tunisie.

Bien que la Tunisie ne soit pas, à proprement parler, une possession française, elle a été placée sous le protectorat de la France par le traité du Bardo signé à Tunis le 12 juin 1881 à la suite de l'expédition dirigée par le général Forgemol de Bostquénard ; c'est à ce titre que nous croyons devoir placer ici quelques mots sur cette contrée voisine de notre grande colonie d'Afrique.

La *Régence de Tunis*, qui a une superficie d'environ 11,634,800 hectares, est située entre la mer Méditerranée au nord et à l'est, la Régence de Tripoli au sud-est, le Sahara au sud et la province de Constantine à l'ouest.

En partant du cap Roux, qui forme la limite de la province de Constantine et de la Régence, on trouve sur les côtes de la Tunisie :

Le cap de *Tabarka* ;

L'île de *Tabarka*, avec un fort ;

Le cap *Nègre ;*

L'île de la *Galite ;*

Le cap *Serrat* ;

Les îlots de *Fratelli* ;

Le cap d'*El-Keroun* ;

Le cap *Blanc*, ou *Ras-el-Biod ;*

Le *Ras-Sidi-Ali-el-Mekki ;*

L'île *Plane* ou *Kamela ;*

Le cap *Kamart ;*

Le cap *Sidi-bou-Saïdi ;*

Le golfe de *Tunis ;*

Le cap *Bon* ou *Ras-Addar ;*

Le golfe de *Hammamet ;*

Les îles *Kerkena ;*

Le golfe de *Gabès*, ou *Petite Syrte ;*

L'île de *Gerbar*.

L'orographie de la Tunisie appartient au système de montagnes de l'Algérie. Les derniers con-
treforts de l'Atlas oriental viennent aboutir sur le
territoire de la Régence. Les principaux sommets
sont situés vers le sud du pays des *Khroumirs ;*
citons seulement : le djebel *Adissa*, le djebel *Sidi-
Abdallah-ben-Djemel*, le djebel *Balla*, le Kef (1)
Nacer.

Quand au système hydrographique, il se compose
d'un assez grand nombre de rivières ou *oueds*, dont

---

(1) En arabe, kef signifie rocher.

plusieurs se perdent dans des plaines sablonneuses, et dont le cours n'a pas encore été parfaitement déterminé. Parmi ces cours d'eau, mentionnons : l'oued *Melian*, qui se jette dans le golfe de Tunis près de Hammam-el-Lif ; — l'oued *Medjerdah*, qui prend sa source en Algérie aux environs de Souk-Ahras, passe près de Ghardimaou, arrose Dahlet-Jandouba, Souk-el-Arba, Testour, Medjez-el-Bab, Tebourba, et se jette dans l'El-Bahira de Charelniella ou Porto-Farina, au nord du golfe de Tunis ; — l'oued *Mellègue*, qui prend également sa source dans la province de Constantine et se jette dans l'oued Medjerdah un peu au-dessous de Souk-el-Arba. — Les principaux *chotts* sont le chott *Er-Rharsa* et le chott *El-Djerid*.

Le climat et les productions de la Tunisie sont, à peu de chose près, les mêmes qu'en Algérie. La partie septentrionale est montagneuse et souvent stérile, tandis que la partie orientale, mieux arrosée, est plus fertile.

La population est d'environ 2,125,000 habitants Arabes, Maures, Berbères, Turcs, Koulour'lis, Juifs, Italiens, Français, Maltais, etc.

Sans entrer dans de longs détails sur l'administration et le régime politique de la Tunisie, nous nous bornerons à en citer les localités les plus remarquables.

TUNIS, capitale de la Régence et résidence officielle du Bey, est située au pied d'une colline et entre deux lacs, le lac de Tunis ou *El-Bahira*, qui communique avec le golfe de Tunis au moyen d'un canal, et la *Sebkha-es-Seldjoun*, lac salé qui est complètement séparé de la mer. Tunis, qui est déjà fort ancienne, puisqu'elle est contemporaine de Carthage, a un aspect tout oriental : les musulmans résident dans la partie haute de la ville ; les Européens habitent la ville basse et le quartier franc ; quant au faubourg d'*Es-Souïka*, il est occupé par les Juifs. On y remarque : la *Kasbah* ou château-fort ; — le palais du bey ou *Dar-el-Bey*, avec un *Musée* ; — la *Bibliothèque* ; — la *Mosquée* sise en dehors de la Kasbah, qui est une ancienne église bâtie par Charles-Quint ; — *djama Sidi Mahrez*, autre mosquée surmontée d'une coupole ; — la *place de la Kasbah*, d'où la vue domine la ville, El-Bahira et le golfe de Tunis ; — la *place de la Marine*, bordée de constructions européennes ; — enfin, de nombreux *bazars*. — Les rues de Tunis sont en général étroites et tortueuses, et vue à l'intérieur, la ville est loin de répondre à l'aspect qu'elle présente depuis le lac. La population est d'environ 125,000 habitants, en grande partie Maures ; on n'y compte que 2,000 Français. Tunis possède des manufactures de soieries et de lainages et fait un commerce assez important de céréales, d'huiles d'olives, d'alfa, de dattes, de laines, de cuirs, de peaux, d'essences, de fer et de châchias. De Tunis, une voie ferrée se dirige vers la frontière d'Algérie en remontant la vallée de l'Oued Medjerdah. Enfin, cette ville est reliée à l'Algérie et à Marseille par des services de bateaux.

Dans les environs, il faut mentionner :

LE BARDO, à 2 kilomètres de Tunis, résidence du Bey où fut signé le traité du 12 juin 1881, qui plaçait la Tunisie sous le protectorat de la France.

LA GOULETTE, à 9 kilomètres de Tunis, petite ville de 2,500 habitants, avec une rade et une forteresse, à l'entrée du canal qui conduit de la mer dans El-Bahira : c'est en réalité le port de Tunis. On y remarque l'*arsenal* et le *seraï*, résidence d'été du Bey. Toutes les puissances européennes y sont représentées par des agents consulaires et des vice-consuls.

LA MANOUBA, à 9 kilomètres de Tunis, village rempli de villas et d'orangeries, avec une caserne de cavalerie.

HAMMAM-EL-LIF, à 16 kilomètres de Tunis et près du Djebel Bou-Korneïn; on y remarque des sources thermales sulfureuses et ferrugineuses à 40°, et le *Fondouk*, magnifique établissement balnéaire, qui rappelle par sa disposition les thermes des Anciens. Une voie ferrée vient d'être construite entre Tunis et Hammam-el-Lif.

Au nord de la Goulette, c'est-à-dire à 16 kilomètres de Tunis, se trouvent les ruines de *Carthage*;

— un peu plus loin BOU-CHATEUR s'élève sur l'emplacement de l'ancienne *Utique*.

BIZERTE (6,000 habitants), l'ancienne *Dyarritus*, est une petite ville commerçante située près de la mer, à l'entrée du lac de Bizerte ; la pêche y est très abondante et le terrain très fertile ; on y récolte des céréales et de l'huile, et on y fait le commerce du corail et des laines.

TEBOURBA (2,500 habitants), entourée de jardins et de vergers est située sur la Medjerdah et sur le chemin de fer de Tunis à la frontière algérienne.

MEDJEZ-EL-BAB (1,500 habitants), est également sur la Medjerdah et sur le chemin de fer ; on y remarque les ruines d'une ancienne ville romaine.

BÉJA (4,000 habitants), ancienne *Vacca*, est bâtie sur le flanc d'une colline couronnée par une Kasbah et au pied de laquelle coule la Medjerdah ; c'est une station de la ligne de Tunis à la frontière algérienne et un important marché de céréales. Les environs sont couverts de jardins splendides. Béja a été occupée par les Français en 1881.

EL-KEF, ancienne *Sicca Veneria* des Romains, est située sur un rocher d'où l'on domine la fertile plaine du *Friguia*, arrosée par l'Oued Mellègue, l'Oued Medjerdah et l'Oued Béja. El-Kef est une place forte et en même temps un lieu de vénération pour les indigènes. Il a été occupé par les Français pendant la campagne de 1881.

ZAROUAN (3,000 habitants), au milieu de jardins ; on y trouve une ancienne porte romaine et des teintureries en écarlate.

HAMMAMET (3,000 habitants), sur le golfe du même nom, est entourée de beaux vergers.

SOUSSE (10,000 habitants), ancienne *Hadrumetum*, est bâtie en amphithéâtre au bord de la mer sur la côte orientale de la Tunisie, et entourée de fortifications maures : c'est la seconde ville de la Régence. On y remarque la *Kasbah* et le café du Dôme, ou *El-Kaouat-el-Koubba*, installé dans une ancienne basilique byzantine. Le chemin de fer récemment construit entre Tunis et Hammam-el-Lif doit être prolongé jusqu'à Sousse.

KAIROUAN (12,000 habitants), la ville sainte par excellence, fondée par les Arabes au VIIᵉ siècle, est reliée à Sousse par un chemin de fer Decauville et par des caravanes. On y remarque plusieurs belles mosquées. Son commerce consiste en cuirs, bestiaux, chèvres, dattes estimées ; enfin, on y fabrique des tapis. Kairouan a été occupée en 1881 par le général Forgemol.

SFAX (15,000 habitants), place forte et ville commerçante de la côte orientale, avec une rade excellente ; on y fait un commerce assez important d'huiles, d'éponges, de dattes, de pistaches, d'alfa et de céréales.

GABÈS (9,000 habitants), y compris les villages environnants, est encore un port de mer sur le golfe de Gabès.

MONASTIER (2.500 habitants), sur la côte orientale, fait le commerce des huiles et des céréales.

MEHDIA (4,500 habitants), place forte sur la côte, fait aussi le commerce des huiles et des céréales, et se livre à la pêche de la sardine.

Les voies de communication de la Régence de Tunis sont encore dans un état qui laisse beaucoup à désirer, mais il y a lieu de présumer que, grâce à l'influence française, de grandes améliorations seront prochainement apportées à l'état de choses actuel.

Quant aux chemins de fer, ils commencent seulement à se développer. C'est la compagnie de Bône-Guelma et prolongements qui en est concessionnaire. 211 kilomètres sont actuellement en exploitation, et 9 à construire.

La ligne principale est la *ligne de la Medjerdah* longue de 195 kilomètres, qui est actuellement exploitée et qui dessert les points ci-après : Tunis (embranchement de la Marine), Tebourba, Medjez-el-Bal, Oued-Zargua, Béjà, Souk-el-Arba, Ghardimaou.Sidi-el-Hemessi (frontière algérienne). Elle se dirige ensuite vers Souk-Ahras (province de Constantine). Lorsque le chemin de fer sera achevé entre Sétif et Alger, Tunis se trouvera en communication par rails avec cette dernière ville, et des trains directs seront créés entre la capitale de la Régence et la capitale de l'Algérie.

On vient de construire tout récemment l'embranchement de Tunis à Hammam-el-Lif, qui est long de 16 kilomètres, et qui n'est autre chose que la première section de la *ligne de Tunis à Sousse et au Sahel.*

On va construire prochainement l'embranchement de Tunis à El-Ariana, long de 9 kilomètres, et qui constituera la première section de la *ligne de Tunis à Porto-Farina.*

Citons enfin le chemin de fer italien (*Compagnie Rubattino*), entre Tunis, La Goulette, La Marsa et le Bardo.

La mer intérieure d'Afrique.

Depuis longtemps déjà, on savait que le bassin de la mer Caspienne et celui de la mer Morte présentaient des dépressions sensiblement inférieures au niveau de la mer Noire : aussi ne fut-on pas très surpris lorsqu'en 1845, M. Virlet d'Aoust signala, au sud de la province de Constantine, dans la région des Chotts, entre la chaîne de l'Aurès et les sables de l'Erg, une dépression analogue aux précédentes et en contre-bas du niveau de la mer

Méditerranée. Des observations barométriques faites, d'ailleurs, sans grande précision amenèrent un
certain nombre d'explorateurs à admettre qu'une
ancienne mer avait dû exister jadis dans cette
partie de la base méridionale du haut Atlas. Quoi
qu'il en soit, cette manière de voir fut longtemps
discutée et jusqu'à ces dernières années, on en fut
réduit à des données assez vagues sur la topogra-
phie de cette région. Mais, pendant les années
1872 et 1873, une chaîne méridienne ayant été mesurée entre Constantine et Biskra par M. Roudaire,
alors capitaine d'état-major, ce dernier, qui s'inté-
ressait beaucoup à la question du niveau des chotts,
effectua sa triangulation de manière à faire aboutir
l'extrémité australe de la chaîne géodésique à quelques kilomètres seulement du chott Mel-Rir. Le
nivellement géodésique de cette chaîne, prolongé
par un nivellement géométrique jusqu'au bout du
chott, a conduit à la vérification scientifique d'un
résultat maintenant indiscutable, c'est que le fond
du chott Mel-Rir se trouve à environ 31 mètres
au-dessous du niveau de la mer Méditerranée.
L'exactitude absolue de ces opérations a, d'ailleurs,
été reconnue par l'Académie des Sciences et par
la Commission supérieure instituée en 1882.

Le chott Mel-Rir, situé au sud de Biskra dans la
province de Constantine, forme l'origine d'une
série de chotts ou de bas-fonds marécageux et sans
végétation, d'une longueur variant entre 20 et 60

kilomètres, et qui s'étendent de l'ouest à l'est sur
une étendue d'environ 400 kilomètres : chotts Mel-
Rir, Bedjeloud, Sidi-Radouan, Ouled-Oghab, Saïal,
Touidjin, El-Asloudj, Er-Rharsa, El-Djerid, El-
Abed, El-Fejej. Ces divers chotts forment trois
groupes distincts séparés par deux barrages : le
premier entre les chotts Touidjin et El-Asloudj;
le second entre les chotts Er-Rharsa et El-Djerid·
Les plus importants de ces chotts sont le chott
Mel-Rir, situé en Algérie, le chott Er-Rharsa,
situé partie en Algérie et partie en Tunisie, enfin
le chott El-Djerid, situé tout entier sur le territoire
de la Régence, et dont le dernier prolongement,
c'est-à-dire le chott El-Fejej, s'étend jusqu'à peu de
distance du golfe de Gabès, dont il n'est séparé
que par une chaîne de dunes d'environ 20 kilomètres de longueur et dont la hauteur n'excède pas
45 mètres.

Le niveau des chotts est donc connu aujourd'hui
avec une précision aussi grande que possible. Le
chott Mel-Rir et le chott Er-Rharsa avec leurs
annexes sont au-dessous du niveau de la mer, et
c'est dans la vaste dépression qu'ils forment que le
colonel Roudaire avait conçu le projet de créer une
mer intérieure en y amenant les eaux de la Méditerranée au moyen d'un canal suffisamment large
aboutissant dans le golfe de Gabès à l'embouchure
de l'oued Melah. Cette idée grandiose a trouvé des
partisans convaincus à la Chambre des députés et·

au Sénat, et des crédits ont été votés pour permet-
tre de poursuivre les sondages et les opérations de
nivellement.

La superficie submersible du chott Mel-Rir est
de 6,900 kilomètres carrés, celle du chott Er-Rharsa
de 1,300 kilomètres carrés. La mer intérieure aurait
donc une surface totale de 8,200 kilomètres carrés,
soit environ quatorze à quinze fois celle du lac de
Genève. Le fond des chotts étant plat et sensiblement horizontal, la hauteur d'eau serait à peu près
partout la même, et atteindrait en moyenne 24
mètres : avec cette profondeur, un bâtiment, quel
qu'il fût, n'aurait rien à craindre pour sa sécurité.
Quant au volume d'eau qu'il faudrait introduire
dans les chotts pour les remplir, il ne serait pas
inférieur à deux cent milliards de mètres cubes.

Les chotts Mel-Rir et Er-Rharsa sont le récepta-
cle des eaux superficielles ou souterraines d'un
immense bassin qui, par la vallée de l'oued
Ingharghar, s'étend jusqu'au Djebel Aaghar, situé
à 1,000 kilomètres au sud, et, par celle de l'oued
Djeddi, jusqu'au Djebel Amour, situé à 400 kilomètres à l'ouest. Ce sont, nous l'avons dit, des
bas-fonds boueux, marécageux, imprégnés de sel,
qui deviennent, à certains moment de l'année, des
centres redoutables d'insalubrité palustre; on ne
peut les traverser qu'en certains points, et encore
cette traversée n'est-elle jamais exempte de dan-
gers : il existe malheureusement de nombreux

exemples de caravanes entières qui y ont été
englouties. Pour assainir ces dépressions maréca-
geuses, il. faudrait pouvoir les drainer et faire
écouler les eaux qui s'y déversent ; mais le problème
est insoluble, puisqu'elles sont au-dessous du niveau
de la mer. La seule solution consisterait par consé-
quent à leur restituer le rôle de mer intérieure,
c'est-à-dire de golfe de la Méditerranée, rôle
qu'elles n'ont dû cesser de remplir que par suite
d'un accident géologique.

Quant au chott El-Djerid et à ses annexes, ils sé
trouvent au-dessus du niveau de la mer, et on pourrait les drainer et les assainir en les reliant, par une
ou plusieurs tranchées profondes, soit au golfe de
Gabès, soit au chott Er-Rharsa. Or, le canal de
communication chargé d'amener les eaux de la
mer dans la dépression des chotts Er-Rharsa et
Mel-Rir pourrait servir en même temps de tranchée
de drainage pour le chott El-Djerid, de sorte que
l'on aurait, du même coup, créé une mer intérieure
et rendu à la culture les 500,000 hectares de terrain
composé d'un limon très fertile qui constituent la
superficie de ce chott.

Telle est, en résumé, l'économie du projet du
colonel Roudaire, qu'une mort prématurée est
venue récemment enlever à la science et à l'armée.
La réalisation de ce projet, auquel M. de
Lesseps s'est associé et a apporté l'autorité de son
nom, aurait pour résultat de transformer notre

belle colonie d'Algérie en lui donnant une admirable frontière au sud, en permettant à nos navires de pénétrer jusqu'au cœur du Sahara algérien et en faisant converger tout le mouvement commercial du centre de l'Afrique sur la province de Constantine, au sud de laquelle il y aurait lieu de créer un nouveau port. En dehors de ces avantages politiques et commerciaux, la submersion des bassins inondables augmenterait la fertilité de ces nouveaux rivages, améliorerait le climat, donnerait la salubrité à la région des chotts, qui est souvent malsaine, enfin rendrait habitables bien des parties du Sahara qui sont actuellement incultes et désertes. Remarquons d'ailleurs que c'est surtout sur le littoral septentrional de la nouvelle mer que l'amélioration du climat se ferait sentir : en effet, le vent du sud dit *siroco*, qui détruit la végétation en Algérie parce qu'il est très sec, et qui cependant est fertilisant pour le territoire de la France à cause de la vapeur d'eau dont il se charge en traversant la Méditerranée, produirait, en passant à la surface de la mer intérieure, une évaporation considérable évaluée à 28 millions de mètres cubes, soit 28 milliards de kilogrammes d'eau par jour, et perdrait par ce fait une grande partie de ses effets nuisibles. Les vastes plaines situées au nord des chotts ne sont actuellement incultes que parce qu'elles sont désolées par la sécheresse, car elles ne sont nullement composées de sables stériles; on

y trouve, au contraire, une couche de terre végé-
tale dont la profondeur moyenne est de 12 à 15
mètres. Aussi quelle transformation merveilleuse
n'est-on pas en droit d'attendre pour cette région,
le jour où la fraîcheur et l'humidité des pluies per-
mettront de tirer parti de la fécondité naturelle
d'un tel sol resté vierge depuis des siècles !

A ces divers points de vue, le projet de mer
intérieure est avant tout une œuvre patriotique
qui doit préoccuper vivement tous les Français
ayant souci de la grandeur et de la prospérité de
leur pays ; il est donc à désirer que les plans du
colonel Roudaire soient bientôt mis à exécution,
et que la création de la mer française du Sahara
vienne donner un nouvel essor à notre puissance
maritime.

FIN

TABLE

Paris et Limoges. — Imp. militaire Henri CHARLES-LAVAUZELLE.

RECUEIL ADMINISTRATIF

Des Corps de Troupe de toutes Armes

OU

CODE MANUEL

PAR

E. CHARBONNEAU

Officier d'administration de 1re classe des bureaux de l'Intendance militaire

Ouvrage dont l'achat a été autorisé

Par décisions des Ministres de la guerre et de la marine en date
des 7 octobre et 2 décembre 1878

4ᵉ ÉDITION

*Revue, corrigée, augmentée et mise à jour jusqu'au nº 15
du* JOURNAL MILITAIRE *du 1ᵉʳ semestre* 1885

Fort volume in-folio de 772 pages.................... **15 fr.**

LA STRATÉGIE APPLIQUÉE

Par le Colonel FIX

Commandant le 6ᵉ régiment d'infanterie belge
Chevalier de l'ordre de Léopold, officier de la couronne d'Italie
Chevalier de l'ordre de l'Aigle rouge de Prusse

**Deux forts volumes in-8º de 500 pages, avec cartes et plans
dans le texte.**

Prix : 15 francs.

ALMANACH

DE L'ARMÉE FRANÇAISE

EN 1885

Volume in-32 de 192 pages, **50 centimes.**

Ce précieux ouvrage, mis à jour jusqu'en mars, contient
un véritable annuaire.

LA GUERRE DE SURPRISES

ET D'EMBUSCADES

Par A. QUINTEAU

Capitaine d'infanterie hors cadre à l'état-major du 12ᵉ corps.

2 beaux volumes grand in-8°, formant ensemble 771 pages, imprimés avec grand luxe, 12 francs.

On a dit que l'auteur s'était livré dans ces 2 volumes à une véritable débauche d'érudition. Rien n'est plus vrai. Mais la partie didactique n'est pas moins amplement traitée que la partie historique. Les principes des guerres lointaines sont exposés avec une réelle compétence. Ces qualités ont fait le plus grand succès de ce livre qui a été très apprécié non seulement en France, mais dans tous les pays étrangers, notamment en Allemagne, en Angleterre et en Russie.

QUESTIONNAIRE COMPLET

DES CONNAISSANCES NÉCESSAIRES

Aux ÉLÈVES CAPORAUX des PELOTONS D'INSTRUCTION

Volume in-32, cartonné, de 120 pages. — Prix : **75** centimes, **60** centimes pour les demandes collectives des corps.

MINISTÈRE DE LA GUERRE

DÉCRET DU 26 OCTOBRE 1883

PORTANT RÈGLEMENT

SUR LE

SERVICE DES ARMÉES

EN CAMPAGNE

(12ᵉ ÉDITION.)

Mise à jour jusqu'en avril 1885.

Volume cartonné de 288 pages.................... **1 fr.**

DICTIONNAIRE
DES
CONNAISSANCES GÉNÉRALES
UTILES A LA GENDARMERIE
PAR
M. L. AMADE

Chef d'escadron de Gendarmerie, chevalier de la Légion d'honneur,
Officier d'académie

ET POUR LA PARTIE ADMINISTRATIVE
PAR
M. CORSIN

Capitaine trésorier de gendarmerie.

Nous n'avons pas à présenter longuement à nos lecteurs la 2e édition de l'ouvrage que nous leur offrons aujourd'hui. Il est déjà suffisamment connu par les articles élogieux dont il a été l'objet de la part de la presse militaire et par le témoignage officiel de satisfaction adressé par le Ministre de la guerre aux deux officiers dont les efforts réunis ont produit cette œuvre d'un mérite incontestable. Nous nous bornerons à rappeler ici que le Dictionnaire des connaissances générales utiles à la gendarmerie renferme, classés par ordre alphabétique :

1º Le résumé de tous les règlements, décrets, circulaires, décisions, etc., intéressant l'arme ;

2º La définition de tous les faits qualifiés crimes, délits ou contraventions, et en regard, l'article de la loi qui régit la matière et formule la peine applicable ;

3º L'explication des principaux termes employés dans l'armée et dans la marine ;

4º Des notions complètes d'hippologie ;

5º Une notice sommaire sur chaque département (villes principales, population, productions, etc.; militaires célèbres qui y sont nés ;

6º Des notions générales sur la géographie des cinq parties du monde et des Etats de l'Europe, avec des renseignements sur le recrutement et le service militaire des principales puissances ;

7º L'explication détaillée des mots principaux employés journellement et ayant trait aux connaissances vulgaires (géographie, arithmétique, géométrie, administration, droit usuel, sciences usuelles, etc.)

Comme on le voit, le Dictionnaire ne contient pas seulement le résumé de toutes les notions intéressant la gendarmerie; c'est une véritable encyclopédie, un répertoire détaillé de toutes les connaissances indispensables à des hommes occupant un certain rang dans la société et désireux d'être toujours à hauteur de leur position.

Volume in-8º de 800 pages, broché.................   5 fr.
Richement relié en toile anglaise..................   6 »

Paris et Limoges, Imp. militaire HENRI CHARLES-LAVAUZELLE

www.ingramcontent.com/pod-product-compliance
Lightning Source LLC
Chambersburg PA
CBHW052129090426
42741CB00009B/2005